LES RECETTES DU RÉGIME IG

Amandine Geers et Olivier Degorce

avec Angélique Houlbert

Thierry Souccar Editions & LaNutrition.fr

Dans la même collection

Le Nouveau Régime IG

Le Nouveau Régime IG diabète

100 *aliments IG à volonté*

Le Guide des index glycémiques

À *table* ! *Sans gluten & sans lait – Mes recettes à index glycémique bas*

Une partie des recettes de ce livre proviennent de l'ouvrage
La Meilleure Façon de manger en 70 recettes paru aux éditions Thierry Souccar en 2009 (titre épuisé).

Conception graphique (intérieur) : Catherine Julia (Montfrin)
Couverture : Atelier Thimonier (Paris)

Illustrations : Idée Graphic (Toulouse)

Crédits photo : © Olivier Degorce

ISBN : 978-2-36549-095-5

Dépôt légal : 3e trimestre 2014

www.thierrysouccar.com

Imprimé et façonné en France par Jouve (Mayenne), 4e trimestre 2019

IMPRIM'VERT®

PEFC™
PEFC/10-31-1316

Les recettes de ce livre respectent les principes du *Nouveau Régime IG*.

Si vous souhaitez perdre quelques kilos et stabiliser définitivement votre poids sans sensation de faim, ni de privation, adoptez une alimentation à IG bas !

Sain, équilibré, *Le Nouveau Régime IG* vise seulement à contrôler la qualité des glucides que vous ingérez.

En choisissant des glucides d'index glycémique bas, vous maîtrisez votre glycémie et incitez votre corps à utiliser les graisses comme source d'énergie.

Avec *Le Nouveau Régime IG*, on ne perd pas d'eau, on ne perd pas de muscle, on perd 200 à 300 g de graisse par semaine. Bonus : on a plus d'énergie et moins de fringales.

Les recettes de ce livre respectent les principes du *Nouveau Régime IG diabète*.

Si vous souhaitez contrôler votre diabète, éviter les complications et peut-être même réduire vos doses de médicaments, suivez *Le Nouveau Régime IG diabète* !

Équilibrez parfaitement votre glycémie avec la Charge Glycémique, le nouvel outil du diabétique.

Déterminez votre CG journalière personnelle. Apprenez à choisir des aliments à IG bas et à contrôler les portions.

Découvrez comment faire face aux petites faims gourmandes sans compromettre votre glycémie.

Sommaire

Soupes

Plats végétariens

Viandes et poissons

Desserts

{{{

Avant-propos

Le concept d'index glycémique est né il y a presque 30 ans maintenant et avec lui, c'est un pan entier de la nutrition qui a été révolutionné. Pour preuve, le nombre d'études scientifiques dont le titre contient le mot « IG » a augmenté de façon exponentielle ces dernières années.

En 2011, Elvire Nérin et moi-même avons décidé de publier *Le Nouveau Régime IG* parce que c'était la première fois qu'un régime recevait l'aval des scientifiques. C'était la première fois que les chercheurs en nutrition étaient quasiment unanimes pour dire que le régime IG constitue aujourd'hui la seule alimentation (avec le régime Atkins) capable d'affiner la silhouette. Sur quoi se basaient-ils ? Tout simplement sur des études cliniques c'est-à-dire l'expérimentation. Depuis, de nouvelles études scientifiques sont venues confirmer les effets bénéfiques d'une alimentation à index glycémique bas sur la silhouette mais également sur le diabète de type 2.

Grâce au bouche à oreille et à la formidable puissance d'Internet, *Le Nouveau Régime IG* puis *Le Nouveau Régime IG diabète* (publié un an après) ont rencontré un vif succès. Vous avez été nombreux à nous faire part de votre expérience, nous rapporter des pertes de poids parfois spectaculaires. Certains diabétiques nous ont annoncé fièrement qu'ils avaient réussi à réduire les doses de leurs médicaments, d'autres qu'ils avaient pu éviter le recours aux injections d'insuline.

Ces deux ouvrages avaient pour but de poser les bases de l'alimentation à IG bas, de répondre dans l'immédiat aux interrogations des personnes qui désiraient suivre le régime IG, mais qui ne savaient pas par où commencer. Ces livres apprenaient à choisir ses aliments, à contrôler ses portions et à composer ses menus. Ils proposaient des recettes simples pour la cuisine de tous les jours. Ces recettes étaient issues de ma propre expérience de diététicienne-nutritionniste.

Le livre que vous tenez entre les mains se veut plus gourmand et créatif, tout en restant simple d'exécution. J'ai suggéré à mon éditeur de faire appel à Amandine Geers et Olivier Degorce en raison de leur créativité et leurs talents culinaires qui ne sont plus à prouver. Toutes les photos sont l'œuvre d'Olivier. Ce livre, vous allez le voir, est un régal pour les yeux et les papilles !

Notre objectif à Amandine, Olivier et moi-même est de vous guider pas à pas vers une alimentation extrêmement saine, savoureuse et source de mille plaisirs. Nous espérons que ce livre vous permettra d'acquérir les bons réflexes dans votre cuisine qui seront à l'origine d'un plaisir supplémentaire : celui de prendre votre santé en main !

Angélique Houlbert

###

{{{

À qui s'adresse ce livre ?

Ce livre s'adresse aux personnes qui veulent mincir ou stabiliser leur poids ainsi qu'aux diabétiques.

Ce livre rassemble 101 recettes à index glycémique bas. Ces recettes conviennent à toutes celles et ceux qui souhaitent retrouver leur poids de forme et qui ont choisi pour cela *le régime IG*. Certaines recettes sont adaptées à toutes les phases du régime, d'autres uniquement à la phase de déstockage (phase 2) ou la phase de stabilisation (phase 3). Cette information vous sera donnée pour chaque recette.

Ce livre convient également aux diabétiques qui souhaitent gérer au mieux leur diabète et qui font confiance pour cela au *régime IG diabète*. Ce régime consiste à estimer sa charge glycémique (CG) journalière en fonction du sexe, de l'âge, de la taille et du poids. Le diabétique doit ensuite répartir harmonieusement cette charge glycémique sur la journée de façon à niveler les pics de glycémie. C'est dans cette optique que la charge glycémique de chaque recette a été calculée (charge glycémique d'une portion), notre objectif étant de vous régaler mais aussi de vous faciliter la vie.

Le régime IG n'est pas un régime contraignant et restrictif à suivre sur quelques semaines. C'est un régime alimentaire à adopter au quotidien.

À noter que bon nombre de recettes sont exemptes de gluten et de produits laitiers. De même qu'une bonne part d'entre elles sont végétariennes et même vegan.

Un système de pictogrammes vous l'indiquera en haut de page.

SL	recette sans lait	V	recette végétarienne
SG	recette sans gluten	(feuille)	recette végan

Enfin, vous trouverez au bas de chaque recette des compléments d'informations sur les aliments qui la composent et des petites astuces pour équilibrer au mieux l'ensemble du repas.

{{{

L'index glycémique, le nouvel outil pour mincir

Pour conserver un poids de forme, inutile de se focaliser sur les graisses et sur l'apport calorique. Pendant des années nous avons fait fausse route. Pendant des années, et encore maintenant, la communauté scientifique et les autorités sanitaires nous ont fait passer le message selon lequel seules comptent les calories venues des graisses. Nous mangeons trop gras soi-disant et c'est là l'origine de l'épidémie d'obésité qui touche les pays occidentaux.

Mais c'est une erreur ! En quelques décennies, la recherche en nutrition a fait des pas de géant. Contre toute attente, les chercheurs ont montré que les régimes pauvres en graisses ne sont pas la solution à l'épidémie d'obésité – certaines graisses sont sans conteste mauvaises pour la santé mais d'autres sont bénéfiques.

Pour les chercheurs, le problème est ailleurs, du côté des féculents modernes. Les aliments sucrés, raffinés et transformés à outrance par l'industrie agroalimentaire ont une responsabilité bien plus importante que les graisses dans la prise de poids car ils perturbent notre équilibre glycémique.

Désormais, il faut se rendre à l'évidence : certains glucides ne sont pas bons pour la ligne et la santé. Exit donc la théorie des « sucres lents » et des « sucres rapides » et place à l'index glycémique (IG) ! Avec cette notion, on comprend aisément pourquoi la baguette de pain blanc et la purée de pommes de terre peuvent être bien plus néfastes pour votre poids et votre glycémie que le sucre qui était jusque là interdit aux diabétiques et aux personnes soucieuses de leur poids.

Une alimentation riche en glucides à index glycémique élevé conduit inéluctablement à la prise de poids et à un diabète mal équilibré parce qu'ils bousculent les mécanismes de régulation de la glycémie.

< L'INDEX GLYCÉMIQUE, C'EST QUOI ? >

Né il y a trente ans, l'index glycémique a littéralement révolutionné la nutrition. L'index glycémique est un nouveau critère de classement des glucides. Oubliez l'ancienne classification en sucres simples/rapides et sucres complexes/lents. Elle n'était que pure théorie.

L'index glycémique, basé sur une mesure physiologique (voir page 21), est un indice qui permet de classer les glucides en fonction de leur capacité à élever la glycémie c'est-à-dire le taux de glucose dans le sang :

- Les glucides qui sont digérés rapidement, et font donc grimper subitement et fortement la glycémie, ont un IG élevé.
- Ceux qui sont digérés lentement, et ont peu d'influence sur la glycémie, ont un IG bas.

INDEX GLYCÉMIQUE DE QUELQUES ALIMENTS COURANTS

ALIMENTS AYANT UN FAIBLE IG (< 55)	ALIMENTS AYANT UN IG MOYEN (55-70)	ALIMENTS AYANT UN IG ÉLEVÉ (> 70)
Pâtes *al dente* Lentilles Pommes Poires Oranges Raisins Yaourt nature Haricots blancs Chocolat noir Fructose (sucre des fruits)	Riz basmati Banane bien mûre Pain de mie multicéréales Ananas Pâtes bien cuites Sucre blanc (saccharose)	Pain non fermenté au levain (blanc ou complet) Pommes de terre bouillies Corn flakes et la plupart des céréales du petit déjeuner Pommes de terre en purée Riz blanc cuisson rapide Riz brun cuit dans un excès d'eau Maïzena Glucose

L'index glycémique a révélé de grosses surprises.

Les aliments raffinés comme la baguette de pain, le riz blanc cuisson rapide, les céréales du petit déjeuner de type corn flakes ont un IG élevé, voire très élevé. C'est aussi le cas des pommes de terre, surtout lorsqu'elles sont cuites au four ou préparées en purée.

La deuxième surprise concerne le fructose, le chocolat noir. En dépit de leur saveur sucrée, ils ne font pas grimper le sucre sanguin comme on s'y attendait.

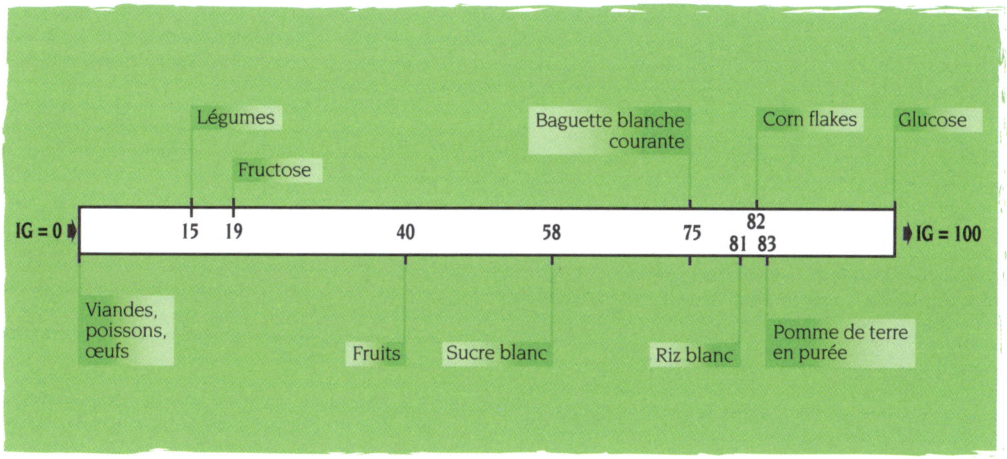

< POURQUOI LES ALIMENTS À IG ÉLEVÉ FONT GROSSIR ? >

Quand nous avalons du sucre, ou des aliments qui sont transformés en sucre par la digestion, comme le pain, les pommes de terre, les pâtes, le riz... le pancréas fabrique immédiatement de l'insuline pour permettre l'utilisation de ce sucre et éviter qu'il ne reste trop longtemps dans le sang. Lorsque l'on consomme souvent et en quantité importante des aliments qui font monter en flèche la glycémie, il s'ensuit après chaque repas une forte sécrétion d'insuline. Ces pics d'insuline favorisent le stockage des graisses et la prise de poids.

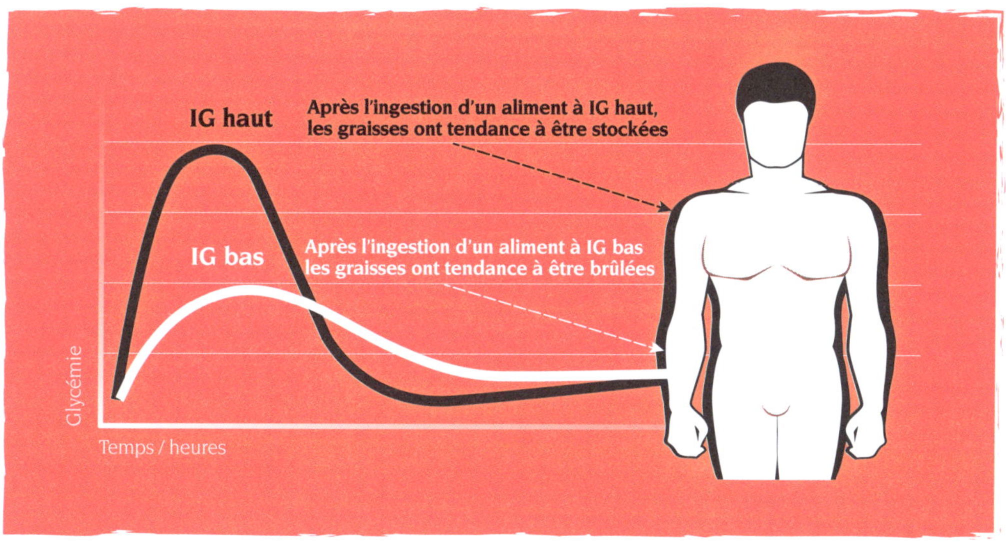

(COMPRENDRE L'INDEX GLYCÉMIQUE

L'index glycémique est un indice qui permet de classer les glucides en fonction de **leur capacité à élever la glycémie**, c'est-à-dire le taux de glucose dans le sang.

- Les glucides qui font grimper rapidement et fortement la glycémie ont un IG élevé. Ceux qui ont peu d'influence sur la glycémie ont un IG bas.

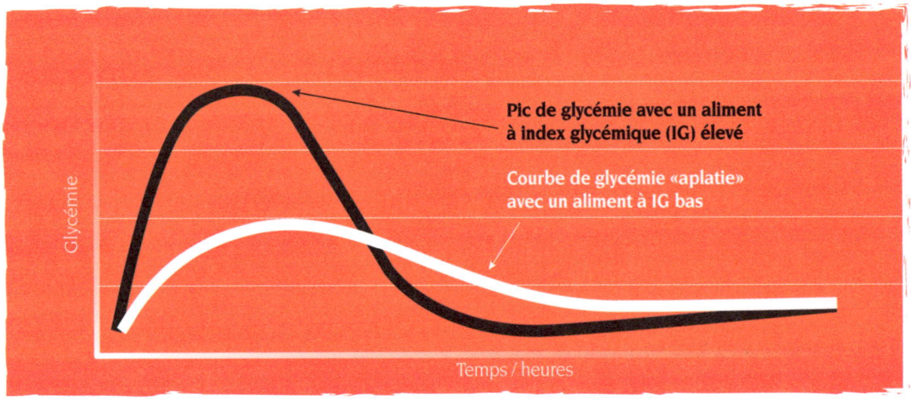

L'IG de référence est celui du glucose et est égal à 100.

En dessous de 55 on parle d'IG bas, entre 55 et 70 d'IG modéré et au-dessus de 70 d'IG élevé.

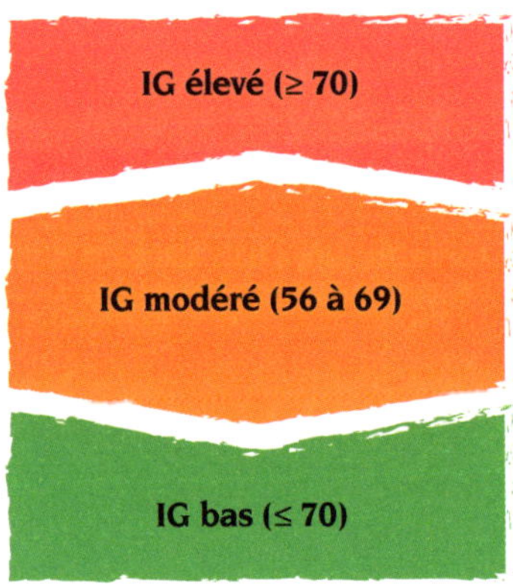

L'index glycémique est très utile car il nous renseigne sur la qualité d'un glucide.

Pour calculer l'index glycémique d'un aliment, on donne à des volontaires 50 g de glucose dilué dans de l'eau : ceci sert de référence (IG = 100). La glycémie est mesurée toutes les 30 minutes pendant 2 à 3 heures. Cette opération est renouvelée avec une portion de l'aliment à tester contenant 50 g de glucides. En divisant l'aire située sous la courbe glycémique de l'aliment testé par l'aire située sous la courbe de référence, on obtient l'IG.

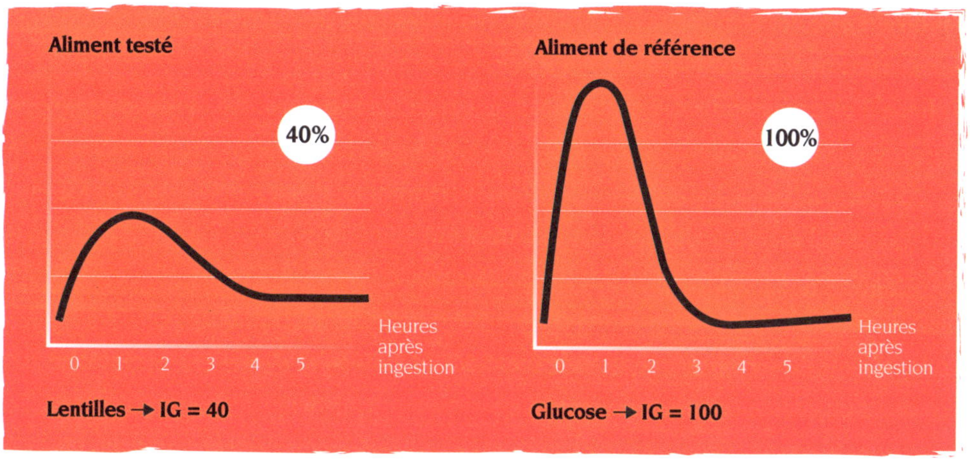

L'index glycémique compare l'impact sur la glycémie de portions d'aliments qui renferment le même poids de glucides : par exemple 800 g de pastèque, 600 g de carottes cuites, 125 g de frites, 100 g de pain... Il reflète la qualité des glucides contenus dans cet aliment.

Exemples

IG du pain (baguette courante) = 75

IG de la carotte cuite = 47

• La baguette a un IG élevé, ce qui signifie que les glucides qu'elle renferme sont digérés rapidement.

• La carotte cuite a un IG bas, ce qui signifie que les glucides qu'elle contient sont digérés lentement.

Il existe aujourd'hui une table des IG (voir le *Guide des index glycémiques*, Thierry Souccar éditions, 2011).

< EN QUOI CONSISTE LE RÉGIME IG ? >

Le régime IG est sain et équilibré. Il vise principalement à contrôler la qualité des glucides que vous ingérez et à remplacer les aliments à IG élevé par des aliments à IG bas afin de maîtriser votre équilibre glycémique et à inciter votre corps à utiliser les graisses comme source d'énergie.

Le régime IG est constitué de 3 phases :

- **La phase 1** dite offensive, dont le nombre de jours est fonction du nombre de kilos à perdre (de 1 à 7 jours), et qui n'autorise que les aliments à IG < 20, c'est-à-dire très bas.
- **La phase 2** dite de déstockage, qui n'autorise que les aliments à IG bas (IG < 55), jusqu'à ce que le poids de forme soit atteint.
- **La phase 3** dite de stabilisation, qui autorise – mais n'oblige pas – la présence d'aliments à IG modéré un jour sur deux.

Dans le régime IG, les glucides proviennent des fruits, des légumes et légumineuses, des tubercules (à l'exception de la pomme de terre qui doit être consommée avec parcimonie) et des oléagineux. Vous pouvez continuer à manger du pain, des pâtes, des céréales en quantité **modérée** du moment que ces aliments ont un index glycémique bas.

Le régime IG autorise une grande variété alimentaire et s'intéresse davantage à la qualité des nutriments qu'à leur quantité. Les graisses ne sont pas interdites. Là encore c'est leur qualité qui est visée. Les 101 recettes de ce livre sont élaborées avec des huiles qui respectent l'équilibre entre les différents acides gras : huile d'olive, de cameline, de colza.

Au risque de nous répéter, le régime IG n'est pas un régime « flash » qui vous fait perdre vos kilos de façon spectaculaire ou met votre santé en danger et qui, une fois terminé, vous abandonne à vos anciens choix alimentaires et culinaires.

Le régime IG vous ouvre la voie vers une alimentation saine et goûteuse qui permet de stabiliser votre poids durablement.

< POURQUOI LE RÉGIME IG EST EFFICACE ? >

Le régime IG est le seul à avoir fait maigrir durablement avec autant d'études à l'appui (lire *Le Nouveau Régime IG*). Cette performance du régime IG tient au fait qu'il agit favorablement sur le métabolisme et qu'il se suit sans difficulté, sans sensation de faim ni de privation.

- **Notre biologie est respectée**

Le régime IG est proche du régime ancestral suivi par l'homme depuis des centaines de milliers d'années : il est donc celui qui est le mieux adapté à nos gènes et à notre physiologie car il ne provoque pas de pics de glycémie et incite l'organisme à utiliser les graisses comme source d'énergie.

• **On a moins faim**

Le régime IG n'attise pas l'appétit, ne provoque pas de fringales. Au contraire, il prolonge la satiété.

• **On ne craque pas**

Le régime IG n'engendre pas de frustrations. Dans les autres régimes, les frustrations naissent du fait qu'on ne peut plus consommer de glucides (régimes *low-carb*) ou de graisses (régimes *low-fat*), alors même que l'homme (et surtout la femme !) a une appétence naturelle pour les aliments qui en sont riches. Or le régime IG n'exclut pas d'aliments sur la base de leur teneur en glucides ou en graisses : les céréales ne sont pas interdites, c'est leur qualité qui est visée ; les graisses ne sont pas interdites, là encore c'est leur qualité qui est importante.

• **On a plus d'énergie**

Avec le régime IG, on perd du poids et le niveau d'énergie augmente. Les réserves de graisses diminuent tandis que la masse musculaire est préservée, pas d'hypoglycémie, pas de coup de pompe, au contraire on se sent plein d'allant.

• **Le régime n'est pas contraignant**

Pas de calories à compter, pas d'aliments à marier entre eux ou au contraire à éloigner les uns des autres, le régime IG est d'une grande simplicité.

< LES 10 RÈGLES DU RÉGIME IG >

Le régime IG est d'une simplicité enfantine. Pas d'associations à respecter, pas de calories à compter, pas de calculs compliqués. Aucune privation, on mange à sa faim. Voici les dix règles à retenir pour adopter ce régime santé et plaisir.

1• **Au moins 3 fruits et 3 légumes par jour.**

Les fruits et légumes jouent un rôle central dans ce régime, parce qu'ils ont généralement un IG bas et qu'ils diminuent la sensation de faim. Ils doivent représenter au moins la moitié de chaque repas. Rappel : les pommes de terre ne sont pas des légumes.

2• **Du pain et des céréales à IG bas ou modéré,**

c'est-à-dire inférieur à 55. Pains au levain (réalisés à partir de farines semi-complètes ou complètes), riz complet ou riz basmati (même blanc), quinoa, pâtes complètes cuites *al dente* ont tous des IG bas. Si vous consommez des céréales au petit déjeuner, les plus favorables sont les flocons d'avoine et les mueslis traditionnels. Toutefois, en cas de diabète, leur quantité sera fonction de la CG personnelle journalière.

3• Des légumes secs, deux fois par semaine.

Riches en fibres, en vitamines et minéraux, mais aussi en protéines, les légumes secs ont des IG bas tout en apportant peu de calories. En plus, ils contribuent à la bonne santé du système digestif. Comme pour les céréales, leur quantité devra être en étroite relation avec le gabarit et l'activité physique.

4• Des noix et des oléagineux secs (noix, noisettes, amandes...) chaque jour.

N'ayez pas peur des graisses que contiennent les graines oléagineuses : elles sont bénéfiques et – lorsque leur consommation reste modérée – n'entraînent pas de prise de poids ! Les oléagineux agrémenteront à merveille plats et desserts et serviront de collation.

5• Du poisson, deux à trois fois par semaine.

Le poisson n'a pas d'impact sur la glycémie puisqu'il ne contient pas de glucides. En plus, certains poissons apportent des oméga-3 aux nombreuses vertus santé.

6• De la viande, des œufs, deux à quatre fois par semaine.

Viande rouge pour les femmes entre puberté et ménopause (en raison des besoins en fer), viandes blanches de préférence pour les autres femmes et la plupart des hommes. Les œufs sont bons pour tous. Pour les végétariens, les steaks de soja et le tofu offrent d'excellentes alternatives à la viande.

7• Des laitages avec modération.

Pas plus d'un à deux par jour, en raison de leurs effets marqués sur l'insuline (lait et yaourts). Les fromages sont, eux, riches en graisses saturées et souvent trop salés. Il sera toujours préférable d'opter pour leurs versions végétales. Le régime IG assure à l'os une bonne santé parce qu'il est riche en potassium et en calcium.

8• De l'huile de colza et d'olive pour l'assaisonnement et la cuisine.

Il faudra choisir de préférence celles portant la mention « première pression à froid ». Une garantie indispensable pour la conservation intacte de leurs acides gras essentiels. L'huile d'olive pourra s'utiliser pour la cuisson puisqu'elle supporte bien les hautes températures et l'huile de colza pour les crudités afin d'apporter tous les acides gras essentiels.

Des margarines végétales aux oméga-3 pourront aussi remplacer le beurre pour les tartines par exemple.

9• De la frugalité.

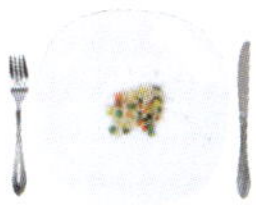

Il vous faudra vous familiariser avec deux habitudes : ne pas attendre d'être affamé pour se mettre à table et ne pas attendre d'être totalement rassasié pour en sortir ! Une astuce est de choisir de petites assiettes pour y mettre de petites portions et surtout de mâcher longuement afin d'éviter les inconforts digestifs et être plus attentif aux signaux de satiété.

10• Du plaisir et de la bonne humeur.

C'est important car si vous ne prenez pas plaisir à manger, vos efforts risquent d'être réduits à néant en un rien de temps !

(5 ASTUCES POUR ABAISSER L'IG DE VOTRE REPAS

1• Remplacez un aliment à IG élevé par un aliment à IG bas. Par exemple, préparez vos pâtes avec des légumes vapeur. Les légumes (IG très bas) prennent une place qui permet de réduire celle des pâtes (IG élevé lorsqu'elles sont bien cuites).

2• Prenez l'habitude de cuire *a minima*. Les aliments cuits ont souvent un IG supérieur à celui des aliments crus. Par exemple mangez vos pâtes *al dente*, veillez à ce que vos légumes cuisent le moins longtemps possible, ce qui en même temps préservera les vitamines et les minéraux.

3• Mangez froid. La pomme de terre cuite à la vapeur a un IG élevé (88). Froide en salade, elle a un IG modéré (58). En se refroidissant, l'amidon de la pomme de terre se modifie. Il devient plus résistant à la digestion et libère son glucose plus lentement.

4• Ajoutez du jus de citron ou du vinaigre. Des études ont montré qu'en ajoutant un peu de jus de citron ou de vinaigre au repas (l'équivalent d'une cuillère à café), on observait une baisse de la glycémie de 25 à 30 %. L'acidité ralentit la vidange de l'estomac et la digestion de l'amidon.

5• Ajoutez du son d'avoine à vos préparations à base de farine (pain, gâteau, tarte…). En remplaçant une part de farine par une part de son d'avoine, vous augmentez la teneur en fibres solubles de votre préparation. Or ceci est bénéfique puisque les fibres solubles ralentissent la digestion et freinent l'absorption du glucose.

IG haut		IG bas
 Viennoiserie, donut	À remplacer par	 Amandes, noix
 Corn flakes	À remplacer par	 Muesli
 Galette de riz soufflé	À remplacer par	 Biscuits secs
 Pomme de terre, purée	À remplacer par	 Patates douces
 Pain blanc (baguette)	À remplacer par	 Pain multicéréales au levain

###

{{{

La charge glycémique, le nouvel outil du diabétique

Chez le diabétique, le problème provient du fait que l'insuline est peu efficace. L'insuline est l'hormone qui permet au glucose d'entrer dans les cellules. Elle agit à la manière d'une clé dans une serrure. Si la clé ne fonctionne pas, donc si la porte ne s'ouvre pas, le glucose ne peut pas pénétrer dans les cellules (muscles, tissu graisseux, cerveau...). Il reste dans le sang et la glycémie risque de s'élever dangereusement (lire encadré).

Il existe des médicaments qui « forcent la porte », c'est le cas de certains médicaments antidiabétiques oraux.

Mais, avant de s'en remettre totalement aux médicaments, la première mesure à prendre consiste à bien choisir son alimentation pour lisser au mieux sa glycémie sur la journée. Pour cela le diabétique doit connaître *sa charge glycémique journalière optimale* – la quantité de sucre (glucose) que son corps est capable de gérer sans lui nuire –, et connaître aussi la charge glycémique (CG) de ce qu'il mange – la quantité de sucre (glucose) que les aliments vont libérer dans son corps.

Connaître sa CG journalière optimale et la CG de ses aliments est un levier très puissant pour équilibrer sa glycémie.

(LES COMPLICATIONS

Une élévation de la glycémie est susceptible d'entraîner des complications redoutables. Celles-ci peuvent être aiguës et entraîner un coma. Chroniques, elles se manifestent le plus souvent par une atteinte de petits vaisseaux sanguins qui peut conduire à une baisse de la vision, une insuffisance rénale, des atteintes de nerfs, des plaies graves au niveau des pieds. Le diabète peut favoriser l'athérosclérose.

< LA CHARGE GLYCÉMIQUE C'EST QUOI ? >

La charge glycémique d'un aliment permet de prévoir l'élévation de la glycémie.

Nous avons vu que l'IG d'un aliment nous renseigne sur la qualité de ses glucides, rapides ou lents. Il nous dit simplement à quelle vitesse son glucose se retrouve dans le sang. Il ne tient pas compte de la quantité de glucides dans cet aliment. Or les effets d'un aliment sur l'organisme dépendent à la fois de son IG et de la quantité que vous en avez avalée.

La charge glycémique (CG) prend en compte ces deux paramètres. Elle s'obtient en multipliant l'IG d'un aliment par la quantité de glucides d'une portion de cet aliment, puis en divisant par 100.

CG d'une portion = (IG x qté de glucides d'une portion) / 100

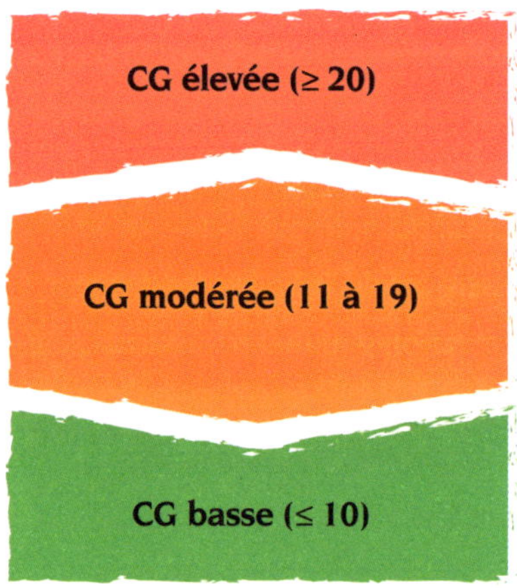

Exemples :

Purée de pommes de terre

- Portion : une assiette soit 150 g de purée renferme 22,5 g de glucides
- IG = 90
- CG = (90 x 22,5) / 100 = 20,2

Une assiette de purée de pommes de terre a une CG élevée ce qui signifie qu'elle provoquera un pic de glycémie.

Baguette de pain courante

- Portion : 1/5 de baguette soit 50 g renferme 28,8 g de glucides
- IG = 75
- CG = (75 x 28,8) / 100 = 21,6

Un morceau de baguette courante a une CG élevée ce qui signifie que cette portion de pain provoquera un pic de glycémie.

Spaghetti à la bolognaise maison

- Portion : une assiette soit 360 g renferme 48 g de glucides
- IG = 52
- CG = (52 x 48) / 100 = 25

Une assiette de spaghetti bolognaise a une CG élevée ce qui signifie que cette portion provoquera un pic de glycémie.

Carottes Vichy

- Portion : une assiette soit 175 g renferme 9,6 g de glucides
- IG = 47
- CG = (47 x 9,6) / 100 = 4,5

Une assiette de carottes Vichy a une CG basse ce qui signifie qu'elle ne provoquera pas de pic de glycémie.

Pastèque

- Portion : 1/8 de pastèque soit 200 g dont 13,4 g de glucides
- IG = 72
- CG = (72 x 13,4) / 100 = 9,6

1/8e de pastèque a une CG basse ce qui signifie que cette portion ne provoquera pas de pic de glycémie.

Souvenez-vous que la CG varie ; elle reflète la quantité de glucides disponibles dans une portion.
L'IG, lui, reste toujours le même, quelle que soit la portion.

La charge glycémique est un outil très précieux pour le diabétique. Elle permet de prévoir l'élévation de sa glycémie en fonction des aliments glucidiques qu'il choisit et des portions qu'il consomme (voir tableau page 219, *IG et CG des aliments courants*).

< COMMENT CONNAÎTRE SA CG JOURNALIÈRE OPTIMALE ? >

La charge glycémique journalière optimale dépend :

- du sexe,
- de l'âge,
- de la taille,
- du poids,
- du niveau d'activité physique.

Il existe des abaques qui permettent d'estimer la CG journalière optimale. Ces abaques donnent en réalité la CG journalière maximale. Vous devez ensuite l'ajuster en fonction de votre poids. Si vous êtes en surpoids, cette CG journalière devra être revue à la baisse.

Vous trouverez ces abaques à la fin de l'ouvrage *Le Nouveau Régime IG diabète* (page 304 pour les hommes, page 313 pour les femmes). Voici quelques exemples page suivante.

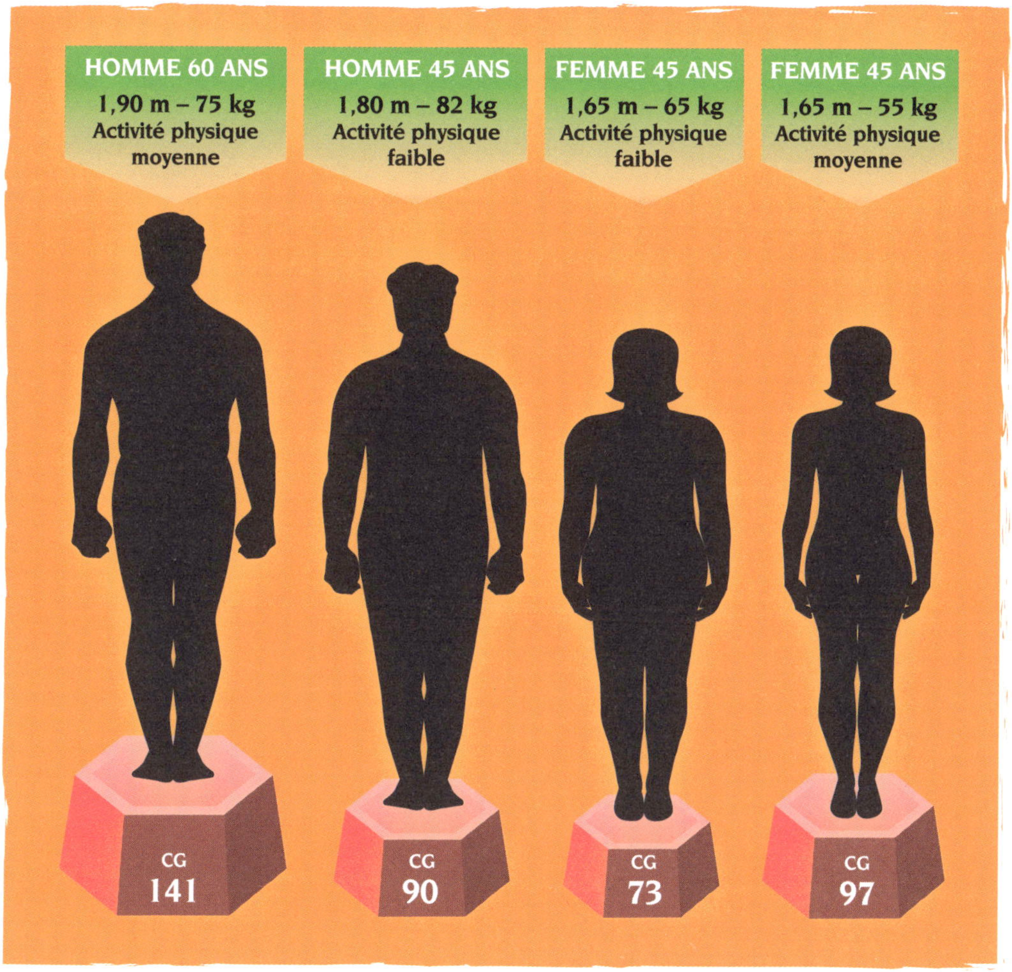

< EN QUOI CONSISTE LE RÉGIME IG DIABÈTE ? >

Le régime IG diabète repose sur les mêmes règles que le régime IG (voir pages 22 à 26). Pas d'interdit. Juste la recherche d'une charge glycémique en adéquation avec vos besoins, c'est-à-dire votre charge glycémique journalière optimale.

Une fois votre charge glycémique (CG) journalière estimée, vous devez ensuite répartir harmonieusement cette charge glycémique sur la journée de façon à niveler les pics de glycémie. Généralement, la CG journalière sera répartie entre les trois repas traditionnels, eux-mêmes éventuellement scindés de façon à ce que l'apport glucidique soit aussi étalé que possible.

C'est dans cette optique que la charge glycémique de chaque recette de ce livre a été calculée (charge glycémique d'une portion).

Le diabétique ne peut se satisfaire du seul conseil « évitez systématiquement les aliments à IG élevé et consommez sans compter ceux dont l'IG est bas ».

Le diabétique doit tenir compte à la fois de la qualité des aliments (leur IG) et des quantités consommées (leur CG).

Par exemple, 150 g de purée (IG élevé) donne une CG de 20.

Si, pensant bien faire, vous décidez de remplacer la purée par des haricots blancs (IG bas) mais que, déculpabilisé, vous vous octroyez une assiette bien plus généreuse (300 g), la CG sera de 20 également. L'index glycémique est un paramètre important mais pour le diabétique, il est indissociable de la charge glycémique.

Quelques repères pour vos collations du matin et de l'après-midi, à choisir selon votre appétit et votre niveau d'activité.

CG nulle pour les petites faims			
Boisson chaude : sans sucre ajouté (thé noir, thé vert, infusion, Rooibos, café)	0	1 carré de chocolat à 85 % de cacao minimum	0
Boisson froide : eau minérale (Evian, Thonon, Quézac, Badoit, Salvetat) et eau aromatisée…	0	1 produit laitier (1 fromage blanc ou 2 petits-suisses)	0
7 ou 8 noix, amandes, noix, de Grenoble, noisettes, noix de pécan, noix de cajou…	0	1 yaourt au soja nature	0
1 œuf (à la coque, dur…)	0	6 tomates cerises	0

CG très basse (inférieure à 5)			
1 prune	2,2	1 jus de tomate (200 ml)	4,4
1 abricot	3,2	1 abricot sec	4,8
1 mandarine	3,6	10 fraises	4,8
2 clémentines	4	1 Wasa fibres	2,9
1/2 pamplemousse	3,3	30 g de All-Bran fibres plus + 1 yaourt soja nature	4,7

CG de 5 à 10			
1 compote sans sucre ajouté (100 g)	5,3	1 pêche (100 g)	6,8
1 Krisprolls	5,3	1 jus de pomme (150 ml)	7,0
1 biscotte nature	5,5	1 nectarine	7,5

CG de 10 à 15			
4 dattes ou 2 figues sèches	10,1	100 g de pruneaux	12,9

De façon occasionnelle, si vous êtes avec vos enfants ou vos petits-enfants, vous pouvez vous octroyer les petits plaisirs suivants pour la collation d'après-midi.

Collations occasionnelles			
1 madeleine (30 g)	7,9	1 crêpe nature (60 g)	13,9
1 tranche de brioche (30 g)	9,1	10 biscuits type langues de chat (30 g)	18,5
Cake aux fruits (30 g)	10,3	1 sachet de Pailles d'or	27,2
1 pain au lait (35 g)	11,9	1 croissant (100 g)	28,2
1 portion de marbré (50 g)	13	1 pain au chocolat (100 g)	31,6

Dans ce cas, penser à diminuer la CG du dîner. Ces aliments ne sont pas conseillés tous les jours en raison de leur CG qui peut parfois être très élevée mais également parce qu'ils sont pourvoyeurs de calories vides et de graisses saturées.

< POURQUOI LE RÉGIME IG DIABÈTE EST EFFICACE >

Le régime IG diabète est un mode alimentaire qui permet d'équilibrer efficacement la glycémie, d'abaisser l'hémoglobine glyquée et d'éviter les complications du diabète.

Lorsque le diabète est d'installation récente, les doses de médicaments peuvent être diminuées, voire parfois supprimées avec le régime IG diabète, accompagné d'exercice physique.

Il n'est pas le seul. Le régime Atkins a la même efficacité (il consiste à réduire fortement la part des aliments glucidiques quels qu'ils soient) mais le régime IG diabète a l'avantage d'offrir une alternative plus souple et par conséquent un peu plus lente.

###

{{{

Menus IG des 4 saisons

Afin de vous aider à composer vos propres menus hebdomadaires à IG bas, nous avons réalisé une semaine de menus par saison, en y intégrant toutes les recettes de ce livre (recettes en gras).

Selon votre activité physique et votre situation particulière, vous pouvez y ajouter une collation matinale ou un goûter. Ces collations n'ont aucun caractère obligatoire et ne doivent être prises qu'en cas de réelle faim.

Si vous êtes diabétique, vous devrez ajuster les portions en fonction de votre charge glycémique journalière optimale.

Une semaine de menus de printemps

PETIT DÉJEUNER	DÉJEUNER	DÎNER
Jour 1		
Thé, café ou infusion* 1 bol de fraises 2 tranches de pain au levain aux graines de lin + **Confiture aux fruits séchés** Fromage blanc nature*	Carottes et chou rouge vinaigrette **Sardines marinées au citron et à la ciboulette** Petits légumes de printemps vapeur, **Émulsion de persil citron** **Petit moelleux au chocolat et au gingembre**	**Soupe de fanes à la patate douce** Omelette verte aux morilles (oseille, épinards) Laitue avec dés de roquefort Compote de pommes*
Jour 2		
Thé, café ou infusion* 1 pomme 1 ou 2 tranches de pain semi-complet + margarine oméga-3 1 yaourt de brebis et purée de pruneaux non sucrée	Fonds d'artichaut et tomates confites **Bœuf sauté au wok et légumes racines** 30-50 g d'orge mondé 1 poignée de cerises	**Velouté de carottes au galanga et à la coriandre** Salade romaine et champignons crus émincés Fromage de chèvre 1 tranche de pain au levain 1 pomme au four
Jour 3		
Thé, café ou infusion* **Semoule fine à l'amande et purée de figues**	**Carpaccio de betteraves à l'huile de noix** **Poulet au cresson, radis rose et oignons grelots** 30-50 g de pâtes semi-complètes (cuisson *al dente*) 1 yaourt nature, purée de fruits* et quelques noix	Salade de mâche vinaigrette **Soupe de fèves à la tunisienne** 1 yaourt de brebis* 1 fruit cru ou cuit

* Sans sucre ajouté
1 tranche de pain = 30-50 g

PETIT DÉJEUNER	DÉJEUNER	DÎNER
Jour 4		
Thé, café ou infusion* 3 pruneaux **Omelette soufflée au lait vanillé** 1 tranche de pain multi-céréales + beurre	Asperges sauce yaourt ciboulette **Rillettes de truite saumonée à l'estragon** 1 tranche de pain au levain 1 yaourt avec éclats d'abricots secs	½ avocat vinaigrette **Crumble de chou-fleur aux petits pois et au chèvre** 1 tranche de pain de seigle 100 g de fraises
Jour 5		
Thé, café ou infusion* ½ pomelo Muesli sans sucre ajouté, noisettes et lait de noisette	**Salade de pissenlit, œuf mollet en gelée d'ortie** **Petites terrines épinards-crevettes** Timbale de riz (30-50 g) Ananas	**Salade de lentilles blondes aux légumes de printemps** Œuf en gelée ou œuf poché ou œuf dur Fromage blanc ciboulette 1 tranche de pain au lin
Jour 6		
Thé, café ou infusion* 2 tranches de pain complet ou intégral + margarine oméga-3 **Boisson au lait d'amande et aux figues sèches**	**Soupe de patates douces et wakamé** **Magret de canard aux blettes et à l'anis** 1 tranche de pain au levain Une pomme	Crudités (salade romaine, chou cabu rouge ou blanc et navet cru) **2 galettes de flocons d'azukis aux herbes** **Mousse légère fraise-framboise**
Jour 7		
Thé, café ou infusion* 1 yaourt de soja nature* 1 banane 3 petits pains grillés suédois*+ margarine oméga-3	Carottes râpées vinaigrette **Salade de seiche aux artichauts et aux câpres** 1 timbale de riz à la tomate 1 part de papaye 1 tranche de pain de seigle	**Soupe de cresson au quinoa** Petits légumes de printemps et dés de tempeh Dôme de boulgour (30-50 g) Fromage de chèvre en faisselle **Dessert de fraises parfumé au romarin**

Une semaine de menus d'été

PETIT DÉJEUNER	DÉJEUNER	DÎNER
Jour 1		
Thé, café ou infusion* **Omelette aux herbes et aux légumes** 2 tartines de pain complet + beurre	**Gaspacho tout vert de melon et concombre** **Tartare de saumon frais et fenouil mariné à l'orange** Timbale de quinoa (30-50 g) 3 abricots frais	**Pain de courgettes à la moutarde et aux herbes** Roquefort 1 tranche de pain de seigle **Compote de pêches au thym**
Jour 2		
Thé, café ou infusion* **Milk-shake de framboises au lait d'amande** 3 petits pains suédois* + purée d'amandes non sucrée	Salade verte et avocat **Tian de légumes à la provençale, crème de thym** Timbale de riz basmati (30-50 g) **Entremets amande, vanille et miel**	**Crème de chou-fleur à la ciboulette** **Tajine de poulet aux fruits séchés façon île de Ré** Salade de mâche vinaigrette 1 yaourt soja nature*
Jour 3		
Thé, café ou infusion* Salade de fruits (prunes, poires, melon, jus de citron, feuilles de menthe...) 1 verre de lait de soja parfumé à la vanille 2 tranches de pain au levain aux graines de lin + beurre	**Salade de brocoli et kamut®, sauce cerfeuil** 2 œufs durs ou mollets 1 part de bûche de chèvre 1 petite tranche de pain au levain 1 fruit frais	**Salade de concombre au yaourt, basilic et cumin** **Tarte de brocolis à la feta** Salade verte Compote de prunes*

* Sans sucre ajouté
1 tranche de pain = 30-50 g

PETIT DÉJEUNER	DÉJEUNER	DÎNER
Jour 4		
Thé, café ou infusion* **4 fruits secs garnis à la pâte d'amande** 3 biscottes de seigle (Wasa fibres) + margarine oméga-3	Salade de roquette et radis roses **Courgettes farcies au poulet et au curry** **Purée de lentilles corail au curcuma** 1 part d'ananas	Salade romaine vinaigrette **3 rouleaux de chou chinois sauté au gingembre** 30-50 g de pâtes semi-complètes (cuisson *al dente*) 1 yaourt de chèvre nature 3 figues fraîches
Jour 5		
Thé, café ou infusion* **Smoothie fraise-melon** 1 yaourt soja nature* 2 c. à s. de flocons d'avoine	**Salade de melon au tofu et à la roquette** **Poulet poché au thym, aux épinards frais et aux raisins** 1 tranche de pain au levain Compote d'abricots*	**Terrine d'aubergines, courge et flocons de quinoa** Laitue et betterave crue ou cuite vinaigrette Fromage de chèvre ou de brebis et coulis de mûres 1 tranche de pain multicéréales
Jour 6		
Thé, café ou infusion* 1 poignée de mirabelles 1 œuf coque 2 tranches de pain de seigle + beurre	Avocat et crevettes fraîches **Tomates farcies au quinoa parfumé au basilic** 1 yaourt de brebis nature* 1 banane	Bâtonnets de carottes, concombre, poivrons et radis à tremper dans un **Caviar d'aubergine vapeur** **Salade de riz rouge aux légumes d'été** 1 fromage blanc avec 2-3 fraises
Jour 7		
Thé, café ou infusion* Polenta aux figues	**Gaspacho express au melon** Émincé de dinde Haricots verts et girolles 30-50 g de riz basmati complet Poire au chocolat	**Salade d'artichauts violets et pois gourmands** **Bruschetta aux poivrons** Fromage de chèvre Salade de fruits et noix

Une semaine de menus d'automne

PETIT DÉJEUNER	DÉJEUNER	DÎNER
Jour 1		
Thé, café ou infusion* **1 yaourt de soja maison, purée de pruneaux** 1 poire 2 tranches de pain de seigle + margarine oméga-3	Salade de carottes râpées et roquette vinaigrette **Blanquette de blettes et dinde pochée aux herbes** 30-50 g de quinoa **Crème de courge butternut à la mandarine**	Salade verte, échalotes, persil **Soupe complète de haricots aux herbes** **Pommes cuites feta et noisettes** 1 tranche de pain au levain
Jour 2		
Thé, café ou infusion* Raisin frais **2 Tartines de pain noir au saumon mariné**	Salade de scarole et de betteraves cuites, éclats de noisettes **Poisson en papillote et purée de brocolis** 1 tartine de pain complet avec roquefort 1 poire	**Salade de lieu noir à la papaye** 1 timbale de riz basmati au curcuma (30-50 g) 1 yaourt de brebis nature 1 compote de pommes*
Jour 3		
Thé, café ou infusion* **Muesli maison** au lait végétal	**Cocotte de moules au safran et à la coriandre** Poêlée de cèpes 1 part de cantal 1 petit bol de batavia 1 petite tranche de pain **Poire pochée au romarin et crème de sésame**	Soupe de légumes maison **Terrine de panais, patates douces et champignons** 1 yaourt + compote de fruits et raisins secs

* Sans sucre ajouté
1 tranche de pain = 30-50 g

PETIT DÉJEUNER	DÉJEUNER	DÎNER
	Jour 4	
Thé, café ou infusion* 1 pomme Granny Smith 1 fromage frais de brebis* 1 grande tranche de pain noir allemand (50 g) + purée de fruits*	**Tartare au couteau, marinade asiatique au curcuma** Salade d'endives, épinards frais et noix 1 tranche de pain multicéréales 5-6 prunes	**Cassolette de légumes et râpés crus au gingembre** Timbale de riz basmati (30-50 g) 1 yaourt soja nature* 1 compote de fruits (pommes, fruits rouges…)
	Jour 5	
Thé, café ou infusion* ½ pomelo 1 œuf brouillé 1 ou 2 tranches de pain de seigle + purée de fruits*	**Salade de céleri à la crème cajou, fausse rémoulade** **Tajine d'agneau aux abricots secs** Salade d'endives 1 pomme et 2 biscuits secs	**Soupe de navets et de patates douces au gingembre** Salade verte + ½ avocat Fromage de chèvre + quelques figues 1 tranche de pain
	Jour 6	
Thé, café ou infusion* **Smoothie poire/pruneaux au tofu soyeux** 2 tranches de pain + margarine oméga-3	**Velouté de panais au curcuma** Légumes cuits à l'étouffée ou à la vapeur + **Sauce à base de légumes secs** 30-50 g de quinoa Fromage (cantal)	**Petites terrines de blettes à la vapeur, sauce noisettes** Salade de mâche 2 petits-suisses * Compote de pommes* 1 tranche de pain au levain
	Jour 7	
Thé, café ou infusion* **Flocons de sarrasin aux pommes et à la cardamome** 5-6 amandes	**Salade de chou rouge cru, châtaignes et pommes** Filet de poisson vapeur, compotée d'endives Fromage blanc + noisettes concassées 1 poire	Soupe de légumes (vert de poireaux, céleri) **Risotto intégral au fenouil et aux champignons** Salade de mâche **Gâteau façon mousse au chocolat**

Une semaine de menus d'hiver

PETIT DÉJEUNER	DÉJEUNER	DÎNER
Jour 1		
Thé, café ou infusion* 1 kiwi **Flocons d'avoine aux raisins secs**	**Salade d'endives, noix, pomme et panais cru râpé** **Gratin de morue aux blettes** ½ mangue 1 tranche de pain	Soupe de céleri et courge à la muscade et graines torréfiées Omelette aux oignons rouges + salade frisée Fromage blanc Compote de pommes* 1 tranche de pain
Jour 2		
Thé, café ou infusion* **Pancake à la farine de coco et crème d'amande** 2 kiwis	**Filet mignon mariné aux figues, épinards et crosnes** Purée de patates douces au thym Salade trévise 1 pomme râpée au citron et à la cannelle	**Tartare d'avocat à la mangue et au citron vert** **Marmite de légumes et pois-chiche** **Pouding de banane et sarrasin**
Jour 3		
Thé, café ou infusion* 1 orange **1 œuf cocotte sucré parfum des îles** 1 tranche de pain complet + beurre	**Crème de haricots blancs au sésame** Poêlée de St Jacques 1 dôme de riz basmati semi-complet Navets vapeur, sauce aux herbes 1 pomme crue ou cuite	Soupe de carottes au curry Tarte aux oignons et au fromage Salade frisée 1 orange sanguine

* Sans sucre ajouté
1 tranche de pain = 30-50 g

PETIT DÉJEUNER	DÉJEUNER	DÎNER
Jour 4		
Thé, café ou infusion* 1 poire 10 noisettes 2 tranches de pain multicéréales + purée d'amandes*	Betterave et mâche en salade avec dés de fromage (cantal), sauce citron **Quinoa corail aux épices et aux légumes** 6-7 litchis	**Salade de carottes à l'orange** Filet de hareng vapeur Compotée de chou vert et d'échalotes **Compote yin yang**
Jour 5		
Thé, café ou infusion* **Flocons de quinoa au lait d'amande et cajou** 1 clémentine	**Parmentier de dinde à la sauge, panais et céleri** Salade batavia 1 orange	**Poireaux en salade** **Endives braisées aux champignons et châtaignes** Fromage de chèvre frais 1 tranche de pain multicéréales 1 fruit cru ou cuit
Jour 6		
Thé, café ou infusion* ½ pomelo 1 œuf coque 2 tranches de pain complet + beurre	Petite salade d'endives vinaigrette **Rillettes de maquereaux** 1 tranche de pain de seigle Ragoût de carottes, oignons, poireaux et rutabaga aux épices **Crème soja chocolat maison**	**Soupe à l'oignon et au radis noir** **Chou braisé à l'anis, sauce cajou et quinoa rouge** 1 fromage blanc nature 1 compote pomme-pruneau
Jour 7		
Thé, café ou infusion* 1 banane Yaourt de soja nature 40-50 g de **Pain d'épeautre aux graines de pavot** + margarine oméga-3	6 huîtres Cuisse de pintade aux choux de Bruxelles Salade verte (scarole ou batavia) 1 part d'ananas 2 tranches de pain de seigle	**Crème de betterave, sauce raifort** **Pâtes aux champignons, verdures et sauce roquefort** 2 clémentines

Nos conseils avant de vous lancer

Peu de moyens et de techniques culinaires vous seront nécessaires mais voici néanmoins quelques notes qui vous seront utiles avant de vous lancer.

< LES USTENSILES CULINAIRES INDISPENSABLES >

- **Un robot culinaire** multifonction sera pratique pour réaliser des soupes, des mélanges ou des sauces en quelques minutes. Mais un mixeur plongeant pourra aussi faire l'affaire.
- **Une brosse à légumes** sera l'outil indispensable pour nettoyer la plupart des légumes qui ne nécessitent pas d'épluchage : courgettes, potimarron, concombre, navets, carottes... mais aussi les fruits à la peau fine. Les peaux étant bien pourvues en substances protectrices, vous avez tout intérêt à éviter l'épluchage systématique.

< LES MEILLEURS MODES DE CUISSON >

Nous vous encourageons à adopter les cuissons à la *vapeur douce* et à *l'étouffée*, respectueuses des qualités gustatives et nutritionnelles des aliments. La cuisson à l'eau ne se justifie que dans le cas des soupes – car l'eau de cuisson est consommée et non jetée. Dans tous les autres cas, les cuissons douces (étouffée et vapeur) sont parfaitement adaptées.

Les temps de cuisson à la vapeur sont comptés à partir de l'ébullition.

Pour une cuisson à l'étouffée, utilisez une poêle ou un faitout à couvercle, et un volume de légumes adapté au contenant. S'il n'y a pas assez de légumes, la vapeur qu'ils dégageront ne sera pas suffisante ; il conviendra donc de rajouter quelques cuillérées d'eau. Cuire toujours à feu doux.

Testez la cuisson vapeur pour les terrines (voir recettes *Petites terrines de blettes à la vapeur* p. 110 et les *Petites terrines épinards-crevettes* p. 186) vous serez surpris du résultat léger et moelleux.

N'hésitez pas également à éduquer vos papilles au « mi-cuit ». On a tendance à trop cuire les aliments. Quand un aliment peut se consommer cru, il est possible de diminuer le temps de cuisson. Le croquant de nombre d'entre eux gagne à être apprécié, comme par exemple les brocolis en salade ou les haricots verts cuits à la vapeur mais encore fermes. Et testez le mélange « cuit » et « cru » dans un plat ou une assiette !

< DES RECETTES RESPECTUEUSES DES SAISONS... >

Les recettes de ce livre respectent les saisons. Outre les aspects écologiques et la recherche de qualité qui guident ce choix, cuisiner les produits de saison facilite les créations culinaires. Les aliments qui poussent ensemble se marient également mieux dans l'assiette. Cependant, n'hésitez pas à adapter les recettes aux saisons. Pour cela, gardez la base de la recette et modifiez la liste des produits frais en fonction des produits de saison qu'offre votre région.

Par exemple la recette des *Rouleaux de chou chinois sauté au gingembre* p.92 pourra devenir en été *Bâtonnets de courgettes sautées au gingembre en feuille de riz et graines de lin*.

< ... ET DE L'ENVIRONNEMENT >

Toutes les recettes que nous vous proposons ici ont été réalisées avec des produits issus de **l'agriculture biologique**. Nous vous encourageons à les privilégier également, car plusieurs études ont montré que les fruits et légumes bio peuvent afficher des teneurs légèrement plus élevées en vitamines C, oligo-éléments et en antioxydants et une absence de pesticides (herbicides, fongicides, insecticides) qui se concentrent notamment dans la peau des fruits et des légumes. Certains ingrédients de l'épicerie bio sont présentés ci-après avec quelques indispensables à avoir dans votre placard et votre réfrigérateur.

###

{{{

Votre liste de courses

Vous trouverez ici une liste d'ingrédients de base à avoir dans vos placards, afin de réaliser les recettes à IG bas présentées dans ce livre.

< RAYON FRUITS ET LÉGUMES (FRAIS ET SECS) >

- Asperge, aubergine, avocat, artichaut, betterave, blette, brocoli, champignon, chou-fleur, chou blanc ou rouge, chou chinois, choux de Bruxelles, carotte, céleri branche, céleri rave, concombre, courge butternut, courgette, crosne, cresson, endive, épinard, fenouil, haricot vert, mâche, navet, panais, patate douce, pois gourmands, petits pois, poireau, poivron (vert, jaune, rouge), potimarron, radis rose ou noir, salades (feuille de chêne, scarole, frisée), roquette, tomate, tomate-cerise...
- Abricot, agrumes (orange, citron, mandarine, pomelos), ananas, banane, cassis, cerise, figue, fraise, framboise, groseille, kaki, kiwi, mangue, melon, mûre, myrtille, pomelo, pastèque, papaye, pêche, poire, prune, raisin....
- Fèves, haricots, lentilles (corail, blondes, vertes, brunes), petits pois, pois chiches, légumineuses germées, soja et dérivés...
- Fruits séchés : abricots, figues, raisins, pruneaux
- Purée de pruneaux

< POISSONNERIE ET PRODUITS DE LA MER >

- Cabillaud, lieu noir, églefin, merlan, limande, merlu, thon, hareng, maquereau, sardine, saumon, truite saumonée, crevette, huître, moule, crabe, langoustine...

< BOUCHERIE >

- Poulet plein air, dinde, pintade, lapin, porc (filet mignon, jambon blanc, jambon de pays, dés de jambon), bœuf, canard, gibiers...
- Œufs de poules élevées en plein air ou bleu-blanc-cœur (enrichis naturellement en oméga-3)

< RAYONS ÉPICERIE >

- Huiles (pression à froid) : d'olive, de colza, de noix, de cameline ou de lin
- Condiments (épices et aromates frais ou secs) : ail, ciboulette, oignon, échalote, persil, aneth, anis vert, badiane, cannelle, carvi (graines), coriandre, cerfeuil, cumin, sauge, thym, basilic, menthe, estragon, ciboulette, gingembre, galanga, curcuma, cardamome, safran, sarriette, romarin, marjolaine, fenugrec, piment, origan, bourrache, curry, clou de girofle, baies roses, muscade, poivre en grains
- Sel de mer non raffiné ou sels aromatiques aux herbes ou aux algues, fleur de sel
- Moutarde, purée de raifort
- Sauce soja (tamari, shoyu)
- Pâte miso (pâte de soja fermentée)
- Vinaigre de cidre
- Gousses de vanille, extrait de vanille, poudre de cacao (100 %), chocolat 70 %
- Bouillon de légumes (cube)
- Purée de tomates, tomates confites à l'huile d'olive
- Algue wakamé (fraîche ou sèche en paillettes)
- Thés, tisanes (romarin, rooibos…)

< OLÉAGINEUX >

- Amandes et poudre d'amandes, noix de Grenoble, noix du Brésil, noix de pécan ou noix de cajou, noisettes, graines de lin, graines de sésame, graines de courges, graines de pavot, noix de coco râpée
- Purées d'oléagineux : purées d'amandes, de cajou, de sésame blanc (tahin)
- Olives vertes ou noires, tapenade

< CÉRÉALES ET ASSIMILÉES >

- Pâtes et riz : complets ou semi-complets, riz sauvage, riz basmati, riz rouge complet de Camargue
- Kamut®, boulgour, quinoa, sarrasin, blé en grains, semoule de blé fine, polenta
- Farines : de blé semi-complète ou complète, épeautre, de sarrasin, de kamut®
- Farines précuites : crème de quinoa, d'avoine, de sarrasin
- Flocons (de sarrasin, de quinoa, d'azukis, d'avoine)
- Muesli sans sucre ajouté

< AUXILIAIRES DE CUISINE >

- Arrow-root, levure de boulanger, poudre levante, agar-agar
- Conserves de sardines à l'huile d'olive, de maquereau au naturel, de thon
- Conserve de châtaignes, de germes de soja
- Sucre de canne complet, sirop d'agave, miel

< BOULANGERIE >

- Pains exclusivement fermentés à base de levain (pas de levure) et confectionnés avec des farines complètes (blé, avoine, seigle, orge, épeautre, petit épeautre....)

< RAYON LAITAGES ET ASSIMILÉS >

- Boissons végétales : amande sans sucre ajouté, avoine, soja nature, noisettes, châtaigne, lait de coco
- Yaourts (vache, chèvre ou brebis) nature, fromages blancs et petits-suisses nature,
- Fromages de chèvre, feta
- Tofu (soyeux ou ferme)
- Crème spéciale cuisine : soja, avoine, amande

###

{{{

Les ingrédients spécifiques

Certains ingrédients utilisés dans les recettes ne sont pas courants, vous les trouverez cependant facilement dans les magasins de produits biologiques. Ces ingrédients sont des alternatives aux produits classiques ou apportent des petits plus santé ou gustatifs.

< LES BOISSONS VÉGÉTALES (SOJA, AMANDE, NOISETTE, AVOINE, CHÂTAIGNE...) >

Ces « jus » végétaux notamment ceux de soja, d'amande, de noisette, de châtaigne, d'avoine sont utilisés en substitut du lait de vache qu'ils remplacent avantageusement dans toutes les recettes sucrées mais aussi salées.

Pour plus de facilité dans les recettes nous les nommeront « laits » plutôt que « boissons végétales ».

< LES PURÉES D'OLÉAGINEUX (SÉSAME BLANC, AMANDES, NOIX DE CAJOU...) >

Les oléagineux ont été réduits en purée à froid. Ils gardent ainsi toutes leurs propriétés. Les purées d'oléagineux seront utilisées sur des tartines au petit déjeuner, dans la réalisation des pâtes à tarte ou des gâteaux pour remplacer les matières grasses habituelles telles que le beurre, pour parfumer soupes ou sauces béchamels végétales ou encore pour « améliorer » des sauces salades ou autres sauces accompagnant légumes ou gratins. Elles sont à conserver à l'abri de la chaleur et de la lumière, dans un placard. Mélangées à de l'eau, elles donnent des laits végétaux.

< L'AGAR-AGAR >

Cet extrait d'algues séchées au pouvoir gélifiant agit comme une éponge et absorbe l'eau. Il remplace avantageusement la gélatine de bœuf et permet de réaliser des terrines, des entremets, des confitures, de glacer les tartes...

< L'ARROW-ROOT >

L'arrow-root est une fécule extraite de la racine de maranta (arbre à flèche). Il s'utilise en très petites quantités dans les préparations où les autres épaississants (flocons, légumes secs, céréales complètes...), ne conviennent pas. C'est une alternative à la maïzena®.

< LE SIROP D'AGAVE >

Il est extrait d'un cactus du même nom qui pousse au Mexique, il a la consistance d'un miel liquide, il est riche en fructose et bénéficie d'un IG bas (IG = 15). C'est donc une excellente alternative pour sucrer les boissons ou les desserts. Mais vous pouvez également sucrer un dessert avec des fruits.

< LES FARINES (DE CÉRÉALES, DE LÉGUMES SECS ET AUTRES...) >

La farine de blé est à choisir de type 80 au minimum, c'est-à-dire semi-complète. Osez également les mélanges de farines car les variétés ne manquent pas : blé, épeautre (ancienne variété de blé), kamut® (blé des Égyptiens) mais aussi pois chiches, lentilles, soja, quinoa...

< LES CRÈMES DE CÉRÉALES (DE QUINOA, D'AVOINE, DE SARRASIN) >

Ce sont des farines précuites qui servent d'épaississant, de liant. Elles permettent de réaliser des crèmes, que nous proposons au petit déjeuner, ou des béchamels végétales. Leur cuisson est extrêmement rapide, de l'ordre de 3 à 5 minutes. Vous pouvez également les utiliser pour épaissir une soupe, il suffit pour cela d'en diluer une cuillère à soupe dans une louche de bouillon avant de l'ajouter au contenu de la casserole et de prolonger la cuisson de 3 minutes.

< LES FLOCONS DE CÉRÉALES OU DE LÉGUMES SECS >

Ils sont parfaits pour épaissir une soupe et éviter la traditionnelle pomme de terre dont l'IG est élevé : flocons d'avoine mais aussi flocons de quinoa, de sarrasin ou d'azukis. Ils peuvent aussi être remplacés par une poignée de céréales ou assimilées (riz basmati, sarrasin, quinoa) ou de légumes secs comme les lentilles corail qui ont l'avantage de cuire rapidement et d'être très digestes.

< LES PRODUITS DÉRIVÉS DU SOJA >

Le tofu

Il s'agit d'un filtrat de soja caillé au goût neutre. C'est une excellente source de protéines végétales. Le tofu soyeux possède une texture moelleuse, très pratique pour les sauces, les crèmes et les desserts.

Le miso

Constitué de graines de soja et d'orge fermentées, cette pâte brune et salée, riche en protéines, assaisonne et relève les bouillons. C'est la base de la fameuse « soupe miso » japonaise.

Les sauces soja

Elles sont issues de la fermentation naturelle du soja. Les deux principales sont le tamari (saveur prononcée), le shoyu (plus doux, avec ajout de blé). Étant déjà très salées, il ne faut pas rajouter de sel dans la préparation. On les utilise pour les marinades, les bouillons et les assaisonnements divers. Mais attention, leur saveur prononcée cache rapidement le goût des aliments. À utiliser avec parcimonie.

La crème de soja cuisine

Cette crème semi-liquide et d'utilisation facile remplace la crème fraîche dans toutes les préparations et peut également servir de base pour garnir une quiche ou un gratin, tapisser un fond de tarte sucrée, ou servir de crème de base pour des desserts…On trouve aussi de la crème d'avoine. Sa saveur est plus douce, on l'utilise de la même manière que la crème de soja cuisine et de la crème d'amande, parfaite pour les desserts.

< LES ALGUES >

Les algues sont d'excellentes sources d'oligo-éléments, de vitamines, de minéraux et de protéines. On peut trouver des algues fraîches – conservées dans le sel – ou des algues déshydratées, en mélange ou non, dans presque tous les magasins de produits biologiques. Si vous les trouvez fraiches, conservées en barquette, pensez à les dessaler avant utilisation. On les consomme en petites quantités pour agrémenter des salades, des assiettes composées, parfumer délicatement un poisson ou un potage.

Les algues kombu et wakamé, grâce à leurs propriétés émollientes (elles attendrissent les tissus), permettent aux légumineuses de cuire plus rapidement et d'être mieux digérées. On bénéficiera de ces propriétés en en ajoutant quelques centimètres dans l'eau de cuisson des légumineuses.

###

PETITS DÉJEUNERS

Un petit déjeuner à IG bas : indispensable !

Pendant des années, on a recommandé à tous ceux qui faisaient l'impasse sur le petit déjeuner par manque de temps ou d'appétit, de changer cette mauvaise habitude car, croyait-on, c'était le petit déjeuner qui conditionnait les apports caloriques à midi et le soir (sous entendu, si vous sautez le petit déjeuner, vous allez manger deux fois plus aux repas suivants). Aujourd'hui, il faut reconnaître que ces propos doivent être nuancés.

Il est possible que le petit déjeuner soit un repas important (il soutient les performances intellectuelles et l'humeur) mais nous ne savons pas si le fait de sauter le petit déjeuner est vraiment mauvais pour la ligne. La bonne nouvelle, c'est qu'il n'y a pas non plus de preuves qu'il fasse grossir !

< MAIS ENCORE FAUT-IL SAVOIR BIEN COMPOSER SON PETIT DÉJEUNER >

Le petit déjeuner idéal dépend avant tout de ce que vous aimez. Oubliez les biscottes, les cracottes, les viennoiseries, les céréales transformées et les tartines de pain blanc qui ont un IG élevé. Composez-le plutôt de flocons d'avoine, de muesli ou de tartines de pain au levain confectionné avec des céréales complètes. Et si vous avez l'habitude de prendre un petit déjeuner essentiellement à base de glucides, vous devriez y intégrer une source de protéines (animales ou végétales) car elles réduisent durablement la sensation de faim.

Pour composer un petit déjeuner équilibré à IG bas, il suffit de choisir, en fonction des saisons et surtout de vos envies, un aliment dans chacune des catégories suivantes :

Une boisson sans sucre ajouté

- Café (arabica, robusta, en dosette, en capsule…)
- Thé (noir, vert, Darjeeling, Earl Grey…)
- Chicorée à l'eau

- Infusions (fruits rouges, thym, tilleul, verveine, menthe…)
- Rooibos (thé rouge sans caféine)

Un aliment protéique (animal ou végétal)

- 1 yaourt nature sans sucre (vache, brebis, chèvre, soja)
- ½ poignée d'oléagineux (amandes, noisettes, noix de cajou, noix du brésil…)
- 1 fromage blanc ou 2 petits suisses (nature et sans sucre)
- 1 œuf (sur le plat, à la coque, brouillé, en omelette)
- 3-4 tranches de viande des grisons ou de bacon
- 1 tranche de jambon, de blanc de dinde, de blanc de poulet ou de saumon fumé
- 30 g de fromage
- 150 ml de lait (vache, soja, amandes, avoine, noisettes) sans sucre ajouté

Un fruit de saison ou un smoothie

Un aliment glucidique à IG bas

Vous prendrez une portion de 30-50 g environ selon votre âge, votre taille et le niveau de votre activité physique.

- Flocons de céréales
- Pain au levain aux céréales complètes
- Biscottes de seigle (type Wasa® fibres)

L'important sera encore et toujours de varier au maximum au sein de chaque catégorie, en fonction de vos envies et des saisons. Le plus simple est parfois d'opter pour un type de petit déjeuner toute la semaine, lorsque vous travaillez, et de procéder à quelques changements le week-end quand vous avez plus de temps.

Et si vous n'avez pas faim le matin, pensez à moins manger le soir !

###

Omelette aux herbes et aux légumes

POUR 2 PERSONNES – PRÉPARATION : 10 MIN – CUISSON : 5 MIN

V SG SL

3 œufs
1 quart d'oignon
1 quart de poivron vert
5 brins de persil plat
Sel et poivre
Huile d'olive

Régime IG	CG/pers
phase 1	0

- Éplucher l'oignon et laver le poivron. Les émincer très finement en julienne.
- Laver et ciseler le persil.
- Fouetter les œufs dans un bol. Saler et poivrer légèrement. Ajouter le persil.
- Huiler une poêle et la faire chauffer doucement avec la moitié des légumes pendant 2 minutes. Ajouter les œufs puis le reste des légumes.
- Faire cuire l'omelette selon vos goûts.

{ VARIANTE }

Varier les légumes selon la saison.

< INFO NUTRITION >

Qu'elles soient animales ou végétales, les protéines sont indispensables au petit déjeuner. Non seulement elles permettent la synthèse de dopamine « starter » mais surtout elles abaissent l'IG du petit déjeuner et prolongent la sensation de satiété : pas de fringales à 10 h !

Comparé à un petit déjeuner riche en glucides, un petit déjeuner à base de protéines ne provoque pas de hausse soudaine de la glycémie, il n'engendre pas de sécrétion exagérée d'insuline.

Cette recette spécifique de la phase offensive du régime IG convient également le soir, accompagnée d'une belle salade verte avec une vinaigrette maison.

Tartines de pain noir au saumon mariné

| POUR 2 PERSONNES – PRÉPARATION : 5 MIN – CUISSON : - SG

4 tranches de saumon (ou de truite)
4 tranches de pain noir ou de pain complet de seigle (100 g)
8 c. à s. de fromage blanc
Quelques brins de ciboulette

Marinade :

Le jus d'1/2 citron
2 c. à s. d'huile d'olive
Poivre
Quelques brins d'aneth ou autres herbes fraîches (coriandre, ciboulette, persil)

Régime IG	CG/pers
phases 2 et 3	15

- Déposer les tranches de saumon ou de truite dans une assiette et ajouter les ingrédients de la marinade. Laisser reposer 30 minutes ou depuis la veille (conserver au frais).
- Laver et ciseler la ciboulette.
- L'ajouter au fromage blanc et mélanger.
- Préparer des tartines ou des mini sandwich.
- Tapisser les tartines de fromage et ajouter des tranches de saumon fumé.

< INFO NUTRITION >

Ce petit déjeuner est parfait pour les adeptes des recettes salées le matin, accompagné d'une boisson chaude sans sucre ajouté et d'une salade de fruits frais. Le pain noir et tous les pains à base de céréales complètes fournissent plus de minéraux, de vitamines du groupe B et de fibres que le pain blanc. Ils seront toujours à privilégier au quotidien. L'IG d'un pain dépend du type de farine mais surtout de son mode de fermentation. Les pains levés à la levure ont un IG supérieur aux pains au levain.

Œufs cocotte sucrés parfum des îles

| POUR 2 PERSONNES – PRÉPARATION : 5 MIN – CUISSON : 6 MIN

V SG SL

2 œufs
1 demi-gousse de vanille
4 c. à s. de lait de coco
2 c. à s. de sirop d'agave
Huile d'olive ou beurre pour graisser les ramequins

Régime IG	CG/pers
phases 1, 2 et 3	3,9

- Faire préchauffer le four à 180 °C (thermostat 6).
- Graisser légèrement les ramequins.
- Extraire les graines de la gousse de vanille et les mélanger au lait de coco.
- Ajouter le sirop d'agave.
- Déposer 2 cuillerées à soupe de lait de coco dans chaque ramequin.
- Casser délicatement un œuf dans chacun, en évitant de crever le jaune.
- Placer les ramequins au bain-marie dans un plat dans lequel vous aurez disposé une feuille de papier cuisson pour éviter que les ramequins ne bougent pendant la cuisson.
- Enfourner pour 6 minutes.
- Surveiller la cuisson des yeux, le jaune ne doit pas être coagulé.

< INFO NUTRITION >

En phase 2, vous pouvez remplacer le sirop d'agave par du miel dont l'IG varie selon sa consistance : plus il est liquide, plus il est riche en fructose, avec un IG dans la fourchette basse (35-40). Plus un miel est solide, plus il apporte de glucose et son IG est dans la fourchette haute (50-58).
Choisissez des œufs bio, Label rouge ou bleu-blanc-cœur, plus riches en oméga-3.
En phase 1, accompagnez d'une boisson chaude et d'un yaourt soja nature non sucrés. Ensuite, vous pouvez y ajouter un fruit frais et une tranche de pain au levain.

Omelette soufflée au lait de coco

POUR 2 PERSONNES – PRÉPARATION : 5 MIN – CUISSON : 5 MIN

V SG SL

3 œufs
2 c. à s. de sucre de canne roux ou complet (15 g /pers)
100 ml de lait de coco
1 c. à s. d'huile d'olive

Régime IG	CG/pers
phase 3	8,7

- Séparer le blanc des jaunes.
- Battre les jaunes avec le sucre jusqu'à obtenir un mélange blanc et mousseux.
- Ajouter le lait de coco et mélanger.
- Battre les blancs en neige et les incorporer délicatement.
- Badigeonner une poêle avec l'huile d'olive et faire chauffer sans atteindre le point de fumée.
- Verser la préparation et couvrir.
- Cuire 5 minutes à feu moyen.
- Servir sans attendre.

< INFO NUTRITION >

Le lait de coco s'utilise aussi bien dans les recettes sucrées que salées. Très pauvre en glucides, il ne fait pas fluctuer la glycémie. En revanche, il est riche en graisses (15 g pour 100 ml) qui sont presque exclusivement saturées (triglycérides à chaînes moyennes).

En phase 1 du régime IG, vous pouvez remplacer le sucre par la même quantité de sirop d'agave.

Flocons d'avoine aux raisins secs

| POUR 2 PERSONNES – PRÉPARATION : 5 MIN – CUISSON : -

SL

100 g de gros flocons d'avoine
200 ml de lait d'amande
2 c. à s. de raisins secs
Sirop d'agave (facultatif)

Régime IG	CG/pers
phases 2 et 3	23

• La veille, faire tremper les flocons en les recouvrant largement de lait d'amande.
• Le lendemain, les faire cuire dans une casserole avec les raisins secs pendant 5 minutes. Rajouter du lait d'amande si nécessaire.
• Servir et sucrer au sirop d'agave selon les goûts.

< INFO NUTRITION >

Les flocons d'avoine sont très riches en fibres solubles, dont la plus représentée est le bêta-glucane. Les fibres solubles forment un gel dans l'estomac et augmentent le volume du bol alimentaire. Elles ralentissent le passage des aliments de l'estomac vers les intestins et ainsi réduisent l'absorption des glucides au niveau de l'intestin, diminuant la glycémie et le besoin d'insuline. D'autre part, les flocons d'avoine sont une bonne source de protéines (11%), de magnésium, de fer et de vitamine B1.
Ce petit déjeuner, idéal en hiver, sera complété par une boisson chaude sans sucre ajouté.

Polenta aux figues

| POUR 4 PERSONNES – PRÉPARATION : 10 MIN – CUISSON : 3 MIN

150 g de polenta
400 ml de lait de soja nature
3 figues moelleuses
1 petite poignée de graines oléagineuses diverses (amandes, noix, graines de courge)
Miel d'acacia (facultatif)

Régime IG	CG/pers
phase 3	25,7

- Rincer les figues et les couper en morceaux.
- Couper les amandes et les noix au couteau et réserver-les dans un bol avec les graines de courge.
- Faire chauffer doucement le lait.

Verser la polenta en pluie tout en mélangeant avec une cuillère en bois. La polenta va absorber très rapidement tout le lait. Mélanger énergiquement pour éviter les grumeaux. Ajouter les morceaux de figues, ainsi que les oléagineux (amandes, noix et graines de courge).

- Verser la préparation dans un plat à bords tapissé de papier cuisson.
- Laisser reposer 1 heure environ.
- Couper la polenta en morceaux.
- Vous pouvez également passer les morceaux au four une dizaine de minutes pour les rendre légèrement croustillants.
- Déguster en ajoutant un filet de miel selon vos envies.

< INFO NUTRITION >

La semoule de maïs (polenta) est garantie sans gluten, elle est donc tolérée par une grande majorité de personnes. Toutefois son IG de 68 ne la classe pas parmi les aliments à IG bas et à ce titre elle doit rester exceptionnelle si vous cherchez à perdre du poids ou si, en tant que diabétique, votre CG maximum quotidienne n'est pas très élevée.

Pain d'épeautre aux graines de pavot

POUR 1 PAIN DE 400 G – PRÉPARATION : 15 MIN – CUISSON : 30/40 MIN

SL

400 g de farine d'épeautre complet
130 g de levain
50 ml d'eau chaude
1 c. à c. de sel
100 ml de graines de pavot

Régime IG	CG/pers
phase 3	17

- Dissoudre le sel dans l'eau. Puis dans un saladier, verser l'eau sur le levain. Mélanger puis ajouter la farine et mélanger 5 minutes.
- Pétrir quelques minutes en étirant la pâte plusieurs fois.
- Étendre un linge propre sur le saladier et laisser reposer encore 1 heure à température ambiante.
- Reprendre la pâte, ajouter les graines de pavot (en réserver 1/4) et pétrir la pâte pendant 5 minutes. Enfoncer les doigts dans la pâte pour faire entrer le maximum d'air.
- Couvrir le saladier du linge et laisser reposer 2 heures à température ambiante.
- Pétrir de nouveau le pâton en tirant la pâte et en la repliant plusieurs fois sur elle-même.
- Graisser à l'huile d'olive et fariner un plat à terrine. Poser la pâte dedans, couvrir avec le linge et placer au four éteint pendant 1 heure.
- Badigeonner le pain d'eau salée et parsemer des graines de pavot restantes. Faites quelques légères incisions.
- Faire préchauffer le four thermostat 7 (210 °C).
- Enfourner 30 à 40 minutes. Le pain est cuit quand il sonne creux.
- Sortir le pain du four, le démouler et réserver sur une grille le temps qu'il refroidisse.

< INFO NUTRITION >

On trouve du levain naturel en magasin bio. On peut aussi le faire soi-même.

Flocons de sarrasin aux pommes et à la cardamome

POUR 2 PERSONNES – PRÉPARATION : 5 MIN – CUISSON : 5 MIN

SG SL

10 c. à s. de flocons de sarrasin (100 g)
2 c. à s. de raisins secs
300 ml de lait de noisette
1 pincée de cardamome
2 pommes douces

Régime IG	CG/pers
phase 3	36,8

- La veille, faire tremper les flocons de sarrasin, les raisins secs et la cardamome dans un bol en les recouvrant d'une partie du lait végétal.
- Le lendemain, râper les pommes.
- Dans une casserole, mélanger les pommes et les flocons et ajouter le reste du lait végétal.
- Cuire à feu doux pendant quelques minutes en mélangeant bien.
- Servir aussitôt.

< **INFO NUTRITION** >

Même s'il est également dénommé blé noir, botaniquement, le sarrasin ne fait pas partie de la classe des céréales mais des polygonacées, comme la rhubarbe et l'oseille. Il apporte du magnésium et de la vitamine B3. Surtout, il est dépourvu de gluten.

Ce repas complet du matin pourra être complété par une boisson chaude sans sucre. La quantité de flocons de sarrasin devra être ajustée en fonction de votre gabarit et de votre activité physique (de 30 à 50 g par personne). Il sera parfait avant une séance de sport.

Flocons de quinoa au lait d'amande et cajou

POUR 2 PERSONNES – PRÉPARATION : 5 MIN – CUISSON : 5 MIN

SG SL

- 100 g de flocons de quinoa
- 2 fois et demi son volume de lait d'amande sans sucre ajouté (250 ml)
- 2 c. à s. de raisins secs
- 1 c. à s. de noix de coco râpée
- 1 poignée de noix de cajou (35 g)
- 2 c. à s. de sirop d'agave

Régime IG	CG/pers
phase 3	29,1

- Rincer les raisins et les noix de cajou.
- Dans une casserole, recouvrir les flocons avec le lait et ajouter les autres ingrédients, excepté le sirop d'agave.
- Cuire à petit feu pendant environ 8 à 10 minutes jusqu'à absorption du lait.
- Hors du feu, ajouter le sirop d'agave.
- Couvrir et laisser reposer quelques minutes avant de déguster.

< INFO NUTRITION >

Les noix de cajou sont constituées, comme toutes les graines oléagineuses, de graisses (en majorité d'oméga-9 comme dans l'huile d'olive) mais également de protéines qui prolongent la satiété durant la matinée. L'IG est très bas mais la densité calorique reste élevée, attention donc de ne pas en abuser. On pourra associer à ce petit déjeuner complet une boisson chaude sans sucre. La quantité de flocons de quinoa devra être ajustée en fonction de votre gabarit et de votre activité physique (de 30 à 50 g par personne).

Muesli maison

| POUR 2 PERSONNES – PRÉPARATION : 5 MIN – CUISSON : -

SL

10 c. à s. de flocons d'avoine (100 g)
2 c. à s. de raisins secs
Quelques rondelles de bananes séchées (10 g) ou 1 figue sèche
400 ml de lait végétal (soja nature, amande sans sucre ajouté, noisette, avoine…)
1 grosse pomme râpée
6/8 noix concassées ou une poignée d'amandes mises à tremper la veille
Autres fruits frais en morceaux selon la saison

Régime IG	CG/pers
phase 3	35,9 à 40,8 (selon le lait)

- La veille, rincer les raisins et les fruits séchés.
- Les faire tremper avec les flocons dans un bol en recouvrant largement de lait végétal.
- Le lendemain, ajouter les noix et les morceaux de fruits frais.
- Déguster aussitôt.

< INFO NUTRITION >

L'avantage d'un muesli maison c'est que l'on contrôle tous les ingrédients. La plupart des mueslis du commerce contiennent du sucre ajouté (sauf mention spécifique sur l'emballage) ce qui augmente la CG totale. Cela permet également de varier les oléagineux, les flocons et les fruits secs selon ses envies. Pensez à adapter la quantité de flocons si vous avez du poids à perdre.

Semoule fine à l'amande et purée de figues

| POUR 2 PERSONNES – PRÉPARATION : 10 MIN – CUISSON : 10 MIN

SL

- 60 g de semoule de blé fine
- 4 fois son volume de lait de soja nature (400 ml)
- 3 c. à s. de miel d'acacia
- 2 c. à s. de purée d'amande blanche ou complète non sucrée
- 8 figues sèches

Régime IG	CG/pers
phases 2 et 3	27,8

- Faire tremper les figues la veille dans un bol d'eau.
- Le jour même, les couper en tout petits morceaux. Les cuire quelques minutes dans une casserole avec un fond d'eau. Laisser reposer.
- Faire chauffer le lait dans une casserole.
- Verser la semoule en pluie et mélanger constamment avec une cuillère en bois. Ajouter le miel et la purée d'amande à mi-cuisson.
- Servir aussitôt avec la purée de figues.

< INFO NUTRITION >

La purée d'amandes ne se trouve, généralement, qu'en magasin biologique. Elle apporte non seulement des protéines qui permettent de prolonger la sensation de satiété mais surtout des fibres et des nutriments indispensables à une bonne santé (calcium, magnésium et zinc). Elle est donc parfaite sur les tartines de pain au levain du matin ou du goûter en remplacement du beurre ou de la confiture.

Ce petit déjeuner complet se suffit à lui-même. Il peut même être consommé avant une épreuve sportive.

Pancake à la farine de coco et crème d'amande

POUR 2 PERSONNES – PRÉPARATION : 10 MIN – CUISSON : 15 MIN

V SG SL

- 3 œufs
- 3 c. à s. de lait de coco
- 3 c. à s. rases de farine de coco
- ½ c. à c. de poudre à lever sans gluten
- Huile de coco pour la cuisson (ou huile d'olive)
- 2 c. à s. de purée d'amande blanche non sucrée
- 1 filet de miel d'acacia
- Eau

Régime IG	CG/pers
phases 2 et 3	*

- Dans un saladier, fouetter les œufs énergiquement.
- Ajouter le lait de coco, la farine et la poudre à lever, ainsi qu'une cuillerée de graisse de coco ou d'huile d'olive. Continuer à fouetter pour bien homogénéiser le tout.
- Laisser reposer la pâte pendant 30 minutes.
- Verser une bonne cuillerée à soupe de pâte dans une poêle graissée bien chaude.
- Attendre 3 minutes que la première face soit bien cuite avant de retourner les pancakes.
- Diluer la purée d'amande avec le miel et un peu d'eau pour obtenir une consistance assez liquide.
- Servir les pancakes avec ce coulis et l'accompagnement de votre choix : fruits frais, compote.

{ VARIANTE }

Si vous n'avez ni lait de coco, ni farine de coco, les remplacer par du lait de soja nature et de la farine d'épeautre, de Kamut® ou de sarrasin.

< INFO NUTRITION >

***L'IG de la farine de coco n'ayant pas été mesuré, il n'est pas possible de déterminer la CG. Cette farine ne contient que 20 % de glucides. Elle est riche en fibres (40 %), certaines insolubles favorables au transit et d'autres solubles qui favorisent la satiété.**

Boisson au lait d'amande et aux figues sèches

POUR 2 PERSONNES – PRÉPARATION : 5 MIN – CUISSON : -

SG SL

6 figues sèches
500 ml de lait d'amande sans sucre ajouté

Régime IG	CG/pers
phase 3	7,3

- La veille, faire tremper les figues dans un verre d'eau.
- Le lendemain, les rincer et enlever le pédoncule dur.
- Mettre les figues dans un blender et recouvrir d'un verre de lait d'amande.
- Mixer finement.
- Lorsque les figues sont bien mixées en une pâte homogène, ajouter le reste de lait et mixer de nouveau rapidement.
- Servir aussitôt.

< INFO NUTRITION >

La figue sèche possède une forte densité en minéraux et en vitamines du groupe B souvent déficitaires dans l'alimentation. Ses fibres se montrent très efficaces pour stimuler les intestins. Attention toutefois à ne pas en consommer plus de 2-3 par jour, surtout si vous êtes diabétique puisque la CG de 3 figues sèches équivaut à celle d'un demi-melon. Pour un petit déjeuner complet, ajoutez une boisson chaude sans sucre et une source de glucides à IG bas.

Milk-shake de framboises au lait d'amande

I POUR 1 PERSONNE – PRÉPARATION : 5 MIN – CUISSON : -

SG SL

15 framboises (60 g)
150 ml de lait d'amande sans sucre ajouté (ou de soja nature)
1 c. à c. de sirop d'agave (facultatif)

Régime IG	CG/pers
phases 2 et 3	2,1 à 3 (selon le lait)

- Passer les framboises sous l'eau et les mixer finement avec le lait végétal et le sirop d'agave dans un blender.
- Boire frais.

< INFO NUTRITION >

Vous pouvez remplacer le lait d'amande par du lait de soja nature dont la CG est légèrement inférieure à celle du lait d'amande sans sucre ajouté.
La framboise fait partie des fruits les plus pauvres en glucides (6 g/100 g), et de ce fait, elle se situe aussi parmi les fruits les moins énergétiques (38 kcal/100 g). Son IG très bas (IG 15) en fait un allié des régimes IG minceur et diabète.
Pour un petit déjeuner complet, ajoutez une boisson chaude sans sucre ajouté et une source de glucides à IG bas, environ 30 à 50 g selon votre gabarit et votre activité physique.
Ce milk-shake est aussi idéal en collation matinale ou au goûter.

Smoothie fraise-melon

POUR 1 PERSONNE – PRÉPARATION : 5 MIN – CUISSON : -

SG SL

7 fraises
1 quart de melon
1 demi-verre d'infusion froide de romarin non sucrée

Régime IG	CG/pers
phases 2 et 3	11

- Laver et équeuter les fraises.
- Prélever la chair du melon.
- Mixer le tout dans un blender avec le demi-verre d'infusion et boire aussitôt.

< INFO NUTRITION >

En dépit d'un IG modéré et de son goût sucré trompeur, le melon contient peu de glucides, pas plus de sucres que n'importe quel fruit frais (10-12%) et n'élève donc pas la glycémie dans de fortes proportions. Sa CG reste basse pour les portions habituellement consommées. Son potassium facilite l'élimination urinaire (diurétique) et ses fibres aident au transit.
Ce smoothie est idéal au petit déjeuner à la place d'un fruit frais et peut également remplacer une portion de fruits à midi ou le soir. Il s'emporte aussi facilement dans une bouteille thermos pour le garder bien au frais lors de vos pique-niques.

Smoothie poire-pruneaux au tofu soyeux

| POUR 1 PERSONNE – PRÉPARATION : 5 MIN – CUISSON : -

SG SL

1 poire bien mûre
2 pruneaux
70 g de tofu soyeux
1 c. à c. d'extrait de vanille
Un peu de lait de soja nature

Régime IG	CG/pers
phases 2 et 3	15,4

- Éplucher la poire et laver les pruneaux.
- Mixer ensemble tous les ingrédients dans un blender.
- Ajouter le lait de soja si nécessaire pour une texture moins épaisse.

< INFO NUTRITION >

Le tofu ferme ressemble à de la feta. Il remplace aisément la viande ou le poisson des déjeuners et dîners. Il s'associe parfaitement aux aliments, aussi bien crus que cuits. Le tofu soyeux quant à lui, grâce à sa texture plus crémeuse, est adapté à la confection de boissons végétales comme c'est le cas ici, de soupes, de quiches, de desserts, de glaces et sauces en remplaçant par exemple la traditionnelle béchamel à base de lait, farine et beurre. Le tofu, qu'il soit ferme ou soyeux, ne contient pas de glucides. Il n'a pas d'impact sur la glycémie. Il convient donc parfaitement aux diabétiques et peut être consommé durant toutes les phases du régime IG.
Pour un petit déjeuner équilibré, ajoutez un aliment glucidique à IG bas, comme deux tranches de pain au levain et une boisson chaude sans sucre ajouté.

Née à Madère en 1930,
l'artiste rappelle que l'une des for-
res. Jusqu'au 22 février 2009. De 6 € à
11 €. Catalogue, éd. Skira/Flammarion,
208 p., 34 €.

Yaourt de soja maison, purée de pruneaux

| POUR 8 POTS EN VERRE – PRÉPARATION : 15 MIN – CUISSON : 1 MIN SG SL

1 litre de lait de soja nature
1 yaourt de soja qui sera utilisé comme ferment
100 g de purée de pruneaux non sucrée

Régime IG	CG/pot
phases 2 et 3	1,9

- Déposer 2 cuillerées à soupe de purée de pruneaux au fond de chaque pot en verre.
- Faire chauffer le lait de soja dans une casserole, puis le laisser tiédir jusqu'à atteindre la température de 50°C (on peut alors laisser son index tremper 10 secondes sans se brûler).
- Ajouter le yaourt de soja et battre énergiquement à l'aide d'un fouet pendant 1 minute.
- Verser doucement le liquide dans les pots en verre et les placer dans un panier vapeur.
- Porter à ébullition un litre d'eau dans la partie basse. Éteindre le feu.
- Placer le panier avec les yaourts et refermer avec un couvercle parfaitement adapté.
- Laisser reposer 8 heures minimum ou toute une nuit.
- Conserver les yaourts au frais pendant 8 jours.

< INFO NUTRITION >

Ces yaourts peuvent être consommés nature dès la phase offensive du régime IG. Dans ce cas, remplacez la purée de pruneau par quelques gouttes d'huile essentielle de citron ou d'orange douce, par une pincée de cannelle ou encore un extrait naturel de vanille (que vous trouverez au rayon « aide à la pâtisserie »).
Naturellement sans lactose, les yaourts de soja permettent d'offrir une alternative aux yaourts de vache, brebis ou chèvre, aux personnes intolérantes au lactose ou végan.

Confiture aux fruits séchés et infusion de thé rouge

| POUR 1 PETIT POT (300 G) – PRÉPARATION : 15 MIN – CUISSON : 35 MIN SG SL

- 5 figues moelleuses
- 5 abricots secs
- 4 dattes
- 3 pruneaux
- 1 poignée de raisins secs
- 50 ml de sirop d'agave
- 1 pincée d'anis vert
- 1 étoile de badiane
- 2 tours de moulin à poivre
- 1 c. à s. de thé rouge (rooibos) aux fruits ou aux épices
- 1 petite branche de romarin

Régime IG	CG/c. à café (5 g)
phase 3	1,6

- Préparer 400 ml de thé rouge en laissant infuser 5 minutes puis filtrer.
- Rincer les fruits séchés et les laisser tremper dans l'eau pendant 30 minutes.
- Couper tous les fruits en petits morceaux après avoir enlevé les noyaux et les parties dures.
- Mettre le tout dans une casserole avec les épices, le brin de romarin, le sirop d'agave et le thé.
- Laisser cuire à petit feu pendant 30 minutes.
- Retirer le brin de romarin avant de mettre en pot stérilisé.

{ VARIANTE }

Vous pouvez ajouter le jus d'un citron ou d'une orange, ou encore remplacer le sirop d'agave par de la purée d'amande ou du chocolat noir fondu pour réaliser une pâte à tartiner gourmande à IG bas.

< INFO NUTRITION >

Cette confiture ne contient pas de sucre blanc. La saveur sucrée est apportée par les fruits séchés et le sirop d'agave dont l'IG est très faible (inférieur à 20). Elle sera donc parfaite, de temps en temps, sur une tranche de pain au levain multicéréales ou encore dans un produit laitier nature. D'ailleurs pour un petit déjeuner complet vous pouvez accompagner les tartines de confiture d'un laitage nature et d'un fruit frais de saison.

Fruits secs garnis à la pâte d'amande

POUR 20 FRUITS GARNIS – PRÉPARATION : 15 MIN – CUISSON : 35 MIN SG SL

10 abricots moelleux
10 pruneaux moelleux
20 amandes
50 g de poudre d'amande
1 pincée de cannelle
1 pincée d'anis vert
Lait de soja nature

Régime IG	CG/ fruit sec :
phases 2 et 3	abricot : 4,8 pruneau : 1,8

- Tremper les amandes dans l'eau pendant au moins 2 heures, les abricots et les pruneaux pendant 1 heure au moins.
- Mélanger la poudre d'amande et l'anis dans un bol et ajouter juste assez de lait de soja pour obtenir une pâte ferme. Laisser reposer.
- Rincer les abricots et les pruneaux et les sécher sur un papier absorbant ou un linge propre.
- Dénoyauter les pruneaux et ouvrir les fruits à la moitié en incisant avec un couteau. Émonder les amandes (enlever leur peau).
- Garnir les fruits soit avec deux amandes, soit avec une petite cuillerée de pâte d'amande à l'anis.
- Ranger les fruits serrés les uns contre les autres dans une petite barquette. Filmer pour bien les maintenir.
- Conserver au frais. Ils seront meilleurs après un passage au frais d'une ou deux heures.

< INFO NUTRITION >

Cette recette du petit déjeuner convient également parfaitement au goûter. Si vous faites attention à votre ligne ou à votre glycémie, optez plutôt pour les pruneaux dont la CG est deux fois moins importante. De plus, le pruneau, de par sa richesse en fibres et en sorbitol, stimule la contraction des muscles des intestins et est donc redoutablement efficace pour lutter contre les transits paresseux.

ENTRÉES ET SALADES

Carpaccio de betteraves à l'huile de noix

POUR 4 PERSONNES – PRÉPARATION : 10 MIN – CUISSON : -

SG SL

- 3 petites betteraves crues bien fermes et quelques fanes
- 2 c. à s. d'huile de noix
- 1 citron
- ½ bouquet de ciboulette
- 1 c. à c. de baies roses
- Fleur de sel

Régime IG	CG/pers
phases 1, 2 et 3	0

- Laver les betteraves en les brossant sous un filet d'eau.
- Les éplucher et à l'aide d'une mandoline, les couper en très fines rondelles.
- Laver et émincer les fanes.
- Ciseler la ciboulette.
- Répartir les « pétales » de betteraves dans les assiettes.
- Arroser d'huile de noix.
- Parsemer de fleur de sel, de baies roses et de ciboulette et ajouter un trait de jus de citron.

< INFO NUTRITION >

L'huile de noix apporte de précieuses graisses oméga-3 mais elle fournit également beaucoup d'oméga-6. Son ratio oméga-6/oméga-3 est de 4,8. Occasionnellement, elle peut être associée à l'huile d'olive dans les vinaigrettes.

Riche en antioxydants, et plus particulièrement en lutéine et zéaxanthine, des caroténoïdes protecteurs de la rétine, la betterave crue apporte également de la vitamine C.

Cette entrée rapide à préparer convient à toutes les phases du régime IG minceur et à tous les diabétiques.

Rillettes de truite saumonée à l'estragon

I POUR 4 PERSONNES – PRÉPARATION : 10 MIN – CUISSON : 15 MIN SG

300 à 400 g de truite saumonée
1 yaourt
1 citron
1 ou 2 oignons nouveaux avec leurs fanes
Quelques branches d'estragon

Régime IG	CG/pers
phases 1, 2 et 3	0

- Faire cuire les filets de truite saumonée à la vapeur.
- Une fois refroidis, les écraser à la fourchette en intégrant le yaourt, le jus du citron, les oignons avec leurs fanes et l'estragon finement ciselés.
- Saler et poivrer au besoin.
- Placer au frais avant de déguster sur des toasts ou avec une salade.

< INFO NUTRITION >

Ces rillettes de poisson peuvent être consommées en phase 1 du régime IG Minceur sur une feuille de salade ou d'endive, à l'apéritif par exemple. Par la suite, elles pourront être servies sur des toasts de pain au levain.
Pour une recette encore plus rapide, optez pour du saumon bio au naturel en conserve. Le saumon et la truite saumonée sont particulièrement riches en oméga-3 à longues chaînes comme l'EPA et le DHA indispensables aux systèmes cardiovasculaire et nerveux.

Salade de brocoli et Kamut®, sauce cerfeuil

POUR 2 PERSONNES – PRÉPARATION : 20 MIN – CUISSON : 30 à 40 MIN

SL

- 1 beau pied de brocoli
- 50 g de Kamut®
- 1 petite poignée de raisins secs (50 g)

Assaisonnement :

- 1 demi-bouquet de cerfeuil
- Le jus d'un demi-citron
- 1 c. à s. d'huile d'olive
- 1 c. à s. d'huile de colza
- 1 c. à c. de sauce soja

Régime IG	CG/pers
phases 2 et 3	26*

- Faire tremper le Kamut® et les raisins secs dans deux bols différents pendant 30 minutes.
- Nettoyer et découper le brocoli en bouquets, puis le cuire à la vapeur douce pendant 10 minutes afin qu'il reste ferme. Le laisser refroidir.
- Plonger le Kamut® dans une casserole d'eau froide et le cuire pendant 30 minutes.
- Préparer l'assaisonnement en mixant l'ensemble des ingrédients jusqu'à émulsion.
- Dresser les brocolis, le Kamut® et les raisins dans un plat.
- Arroser de sauce.

{ VARIANTE }

Vous pouvez remplacer le Kamut® par de l'épeautre ou du blé entier (type Ebly®).

< INFO NUTRITION >

Cette entrée peut être servie en plat principal avec deux œufs durs par personne afin d'apporter suffisamment de protéines aux effets satiétogènes, avec une salade verte et un fruit frais en dessert.

***L'IG du Kamut® n'ayant pas été testé, nous nous sommes basés sur l'IG et la CG de l'Ebly®.**

Rouleaux de chou chinois sauté au gingembre

POUR 4 PERSONNES – PRÉPARATION : 40 MIN – CUISSON : 5 MIN

SG SL

- 1 petit chou chinois
- 2 cm de gingembre frais
- 3 c. à s. d'huile d'olive
- 1 c. à s. de sauce soja (tamari)
- 1 citron
- 2 c. à s. de graines de lin
- 1 demi-bouquet de persil ciselé
- 12 petites feuilles de riz

Régime IG	CG/pers
phase 3	*

- À l'aide d'un grand couteau, couper le chou chinois en fines lamelles en commençant par le haut. Réserver les premières coupes car elles cuiront plus vite. Continuer à couper les côtes plus dures.
- Dans un bol, mélanger le gingembre frais préalablement râpé, l'huile d'olive, la sauce soja et le jus d'un demi-citron.
- Dans un wok, faire sauter le chou avec cette sauce pendant 2 à 3 minutes en remuant constamment. Ajouter les feuilles tendres en toute fin de cuisson ainsi que le persil.
- Éteindre le feu et ajouter les graines de lin.
- Ramollir une feuille de riz en la passant sous l'eau chaude.
- Déposer une bonne cuillérée à soupe de chou sur la feuille. Rabattre d'abord les côtés sur les légumes, puis rouler en commençant par le bas en serrant délicatement.
- Reproduire l'opération avec toutes les feuilles.

< INFO NUTRITION >

Le gingembre renferme des composés anti-inflammatoires et antioxydants.
Le chou chinois, comme tous les légumes crucifères, apporte du calcium hautement biodisponible. Une portion de 175 g fournit plus de calcium qu'un verre de lait !
***L'IG des feuilles de riz n'a pas été testé mais il est vraisemblablement élevé, l'amidon y étant fortement gélatinisé.**

Salade de lentilles blondes aux légumes de printemps

POUR 4 PERSONNES – PRÉPARATION : 20 MIN – CUISSON : 30 MIN SG SL

200 g de lentilles blondes
4 jeunes oignons fanes
3 branches de céleri
2 c. à s. d'huile d'olive
1 demi-botte de radis roses
1 demi-bouquet de persil
3 jeunes carottes

Assaisonnement :
Le jus d'un demi-citron
1 c. à s. de sauce soja (tamari) ou une pincée de sel
2 c. à s. de vinaigre de cidre

Régime IG	CG/pers
phases 2 et 3	6

- Rincer les lentilles.
- Démarrer la cuisson dans un faitout en les couvrant largement d'eau froide non salée. Cuire à feu doux pendant 30 minutes.
- Laver les oignons et les branches de céleri et les émincer finement.
- Préparer les radis et les couper en grosses rondelles.
- Brosser les carottes sous l'eau et les couper en fines rondelles ou les râper.
- Une fois les lentilles cuites, les égoutter soigneusement et les laisser refroidir un peu dans la passoire avant de les mettre dans un saladier.
- Ciseler le persil.
- Mêler tous les ingrédients et ajouter l'assaisonnement.
- Servir tiède ou froid.

< INFO NUTRITION >

Les légumes, les légumes secs, les fruits et les fruits secs regorgent de potassium qui permet de contrebalancer l'apport important de sodium de l'alimentation moderne. C'est la raison pour laquelle toutes les recettes de ce livre sont riches de ces aliments. Ici, le sodium provient du sel naturellement présent dans la sauce soja ; il est largement contrecarré par le potassium des légumes et des lentilles.

Salade de riz rouge aux légumes d'été

POUR 4 PERSONNES – PRÉPARATION : 20 MIN – CUISSON : 30 MIN

SG SL

- 1 poivron vert ou jaune
- 2 petites courgettes
- 1 oignon rouge
- 200 g de riz rouge complet de Camargue
- 1 c. à s. de câpres

Assaisonnement :

- Le jus d'un citron
- 1 c. à s. de vinaigre de cidre
- 1 c. à s. de sauce soja
- 1 c. à c. de moutarde
- 1 c. à s. d'huile d'olive
- 1 c. à s. d'huile de colza
- Herbes fraîches en bonne quantité (basilic, persil, estragon, ciboulette…)

Régime IG	CG/pers
phase 3	27,5

- Dans une casserole, cuire le riz dans 3 fois son volume d'eau pendant 30 minutes. L'égoutter et le laisser refroidir dans la passoire.
- Préparer tous les légumes. Couper les courgettes en petits dés. Émincer le poivron en fines lamelles et l'oignon en fines rondelles.
- Préparer l'assaisonnement en mélangeant tous les ingrédients dans un bol.
- Associer tous les éléments dans un saladier, ajouter les câpres et bien mélanger. Parsemer d'herbes fraîches ciselées et ajouter selon les goûts des graines germées de radis, de fenouil ou d'alfalfa.

INFO NUTRITION

En été on réalise souvent des salades à base de riz. Afin que votre glycémie ne fluctue pas trop, il est conseillé de choisir des riz riches en amylose, une forme d'amidon qui se digère plus doucement et donc libère plus lentement son glucose. Les riz dont les IG sont les plus bas sont : le riz basmati même blanc cuit dans l'eau (58), le riz sauvage cuit à l'eau (57). Le riz complet quant à lui possède un IG de 50 s'il est cuit à la vapeur. D'autre part, selon votre gabarit et votre niveau d'activité physique, pensez à adapter vos portions : de 30 à 50 g de riz cru par personne.

Salade d'endives, noix, pomme et panais cru râpé

POUR 4 PERSONNES – PRÉPARATION : 15 MIN – CUISSON : -

SG SL

- 2 grosses endives
- 1 pomme
- 1 panais (300 g)
- Une poignée de cerneaux de noix
- Quelques brins de persil

Assaisonnement :

- 1 échalote finement ciselée
- 2 c. à s. de vinaigre de cidre
- 1 c. à s. d'huile de noix
- 2 c. à s. d'huile d'olive

Régime IG	CG/pers
phases 2 et 3	5,6

- Préparer l'assaisonnement en mélangeant tous les ingrédients dans un bol et réserver.
- Laver les endives et les couper en tronçons d'un demi-centimètre environ.
- Laver la pomme, l'épépiner et la couper en dés ou en lamelles sans l'éplucher. Éplucher le panais et le râper.
- Dans le plat, mélanger tous les ingrédients.
- Arroser de sauce et parsemer du persil ciselé au moment de servir.

< INFO NUTRITION >

Comme tous les oléagineux, les noix sont riches en protéines, en fibres. Elles ont une densité nutritionnelle exceptionnelle (calcium, magnésium, potassium, zinc, sélénium, vitamine E, B1, B2) et constituent également une source de bonnes graisses. Les noix de Grenoble sont particulièrement riches en acides gras mono-insaturés (oméga-9 comme dans l'huile d'olive) et sont les seules, avec les graines de lin, à apporter une bonne dose d'oméga-3 (acide alpha-linolénique).

Salade de melon au tofu et à la roquette

POUR 4 PERSONNES – PRÉPARATION : 15 MIN – CUISSON : -

SG SL

- 1 gros melon ou 2 petits
- 125 g de tofu nature coupé en petits dés
- 1 poignée de roquette
- 1 filet d'huile d'olive douce
- Le jus d'un citron
- Quelques grappes de groseilles (facultatif)
- Sel et poivre

Régime IG	CG/pers
phase 3	7,7

- Couper le melon en deux, prélever les graines et couper la chair en dés.
- Laver la roquette.
- Mettre quelques feuilles dans un robot blender et ajouter l'huile d'olive, le jus de citron, un peu de sel et de poivre. Mixer pour obtenir une sauce verte. Ajouter quelques cuillerées d'eau si nécessaire.
- Dans un saladier, mélanger le melon, les dés de tofu et la roquette restante.
- Arroser de sauce et ajouter quelques grains de groseilles.

< INFO NUTRITION >

Le tofu, qui est un caillé de « lait » de soja, apporte autant de protéines aux 100 g que la viande ou le poisson. Cette entrée permet donc d'apporter tous les acides aminés indispensables. Pour compléter le repas de midi, elle devra être accompagnée d'une autre source de protéines, animale ou végétale, et de légumes à volonté. Le melon étant un fruit, le repas pourra être terminé par un yaourt de brebis nature afin de ne pas alourdir la CG totale du repas.

Salade de seiche aux artichauts et aux câpres

POUR 4 PERSONNES – PRÉPARATION : 15 MIN – CUISSON : 15 MIN

SG SL

300 à 400 g de seiche
Ciboulette
2 gousses d'ail
2 c. à s. de câpres
8 fonds d'artichauts marinés à l'huile d'olive
1 botte de radis roses
Quelques feuilles de batavia rouge
1 citron

Régime IG	CG/pers
phases 1, 2 et 3	0

- Laver la seiche et la couper en lamelles.
- La faire cuire dans une poêle avec 1 c. à s. d'huile d'olive, à couvert pendant 10 à 15 minutes.
- Remuer de temps en temps et en fin de cuisson, ajouter 1 c. à s. de ciboulette ciselée et l'ail émincé.
- Prolonger la cuisson 1 minute puis réserver.
- Laver la salade et couper les fonds d'artichauts en morceaux.
- Laver les radis et les couper en rondelles.
- Dans un saladier, disposer la salade, la seiche à peine refroidie et les artichauts. Ajouter les rondelles de radis, les câpres et un peu de ciboulette et quelques gouttes de citron.

< INFO NUTRITION >

Ce plat convient parfaitement au déjeuner ou au dîner dès la phase offensive du régime IG si on prend soin de prévoir 100 g de seiche par personne. Par la suite, il peut parfaitement être accompagné d'un petit bol (2 à 3 cuillères à soupe) de quinoa. Selon une étude menée sur 14 000 femmes, plus on consomme de fruits de mer, plus le risque de cancer colorectal est faible. Chez les hommes, avec au moins un repas de poisson ou de fruits de mer par semaine, on diminue son risque d'infarctus.

Bruschetta aux poivrons marinés

| POUR 4 PERSONNES – PRÉPARATION : 20 MIN – CUISSON : 10 MIN

SL

2 poivrons verts
2 poivrons jaunes
5 c. à s. d'huile d'olive
1 gousse d'ail
Origan et/ou thym frais
4 ou 8 tartines de pain multicéréales au levain (200 g)

Régime IG	CG/pers
phases 2 et 3	11,6

- Laver les poivrons. Les couper dans la longueur en lamelles de 2 cm de large. Épépiner et enlever les parties blanches. Les faire cuire à la vapeur douce pendant 15 minutes.
- Dans un bol, presser la gousse d'ail ou la râper finement. Ajouter l'huile d'olive et les herbes.
- Saler et poivrer légèrement. Ajouter les poivrons.
- Laisser mariner au frais pendant 1 heure.
- Pour une saveur plus douce, on peut aussi mettre la gousse d'ail coupée en deux à mariner pendant une heure, puis l'enlever avant d'ajouter les poivrons.
- Faire griller les tartines et garnir généreusement de poivron mariné.

< INFO NUTRITION >

Cette entrée comporte du pain au levain, multi-farines, dont l'IG est inférieur à celui des pains levés à la levure. Si vous faites attention à votre ligne ou à votre glycémie, complétez ce repas par des légumes, une source de protéines et un fruit mais évitez d'y adjoindre un aliment à base de céréales ou des légumes secs.
Cuire les poivrons permet de les rendre plus digestes et donc d'être mieux supportés par les intestins sensibles.

Salade de concombre au yaourt, basilic et cumin

POUR 4 PERSONNES – PRÉPARATION : 15 MIN – CUISSON : -

V SG

1 gros concombre ou 3 petits
1 yaourt de brebis ou de vache
10 feuilles de basilic
1 c. à c. de cumin
1 c. à s. d'huile d'olive
Sel et poivre

Régime IG	CG/pers
phases 1, 2 et 3	0

- Laver le concombre avant de l'éplucher.
- Le couper en deux dans le sens de la longueur afin de prélever les gros pépins s'il y en a.
- Le couper ensuite en dés ou en lamelles.
- Ciseler les feuilles de basilic.
- Mélanger les autres ingrédients au fond d'un saladier et ajouter le concombre. Mélanger et servir frais.

< INFO NUTRITION >

Cette entrée fraîche d'été est parfaite en phase 1 du régime IG, et peut se consommer aussi bien à midi que le soir. Le yaourt de brebis, même s'il est un peu plus riche en graisses saturées que le yaourt de vache, donne un goût plus subtil à cette recette. Elle pourra être complétée en phase 1 par un poisson ou une viande, une poêlée de légumes cuits et un petit morceau de fromage peu gras ou une poignée d'oléagineux.

Salade d'artichauts violets et pois gourmands

| POUR 4 PERSONNES – PRÉPARATION : 20 MIN – CUISSON : 10 MIN

SG SL

- 4 à 6 petits artichauts violets
- 1 oignon et 1 gousse d'ail ciselés
- 1 c. à s. d'huile d'olive
- 1 grosse poignée de pois gourmands
- Quelques tomates confites à l'huile d'olive

La sauce :

- 6 c. à s. de crème soja cuisine
- 1 jus de citron
- Ciboulette ciselée

Régime IG	CG/pers
phases 1, 2 et 3	0

- Passer les artichauts sous l'eau, puis couper la partie haute des feuilles. Les couper en quatre dans le sens de la longueur.
- Faire revenir l'ail et l'oignon avec l'huile d'olive dans une cocotte à fond épais pendant quelques minutes.
- Ajouter les artichauts et quelques cuillérées d'eau, couvrir et cuire à feu doux pendant 15 minutes.
- Vérifier la cuisson en piquant avec la pointe d'un couteau.
- Réserver dans un plat. Ajouter les tomates confites.
- Laver les pois gourmands et les cuire à la vapeur douce pendant 10 minutes.
- Préparer la sauce en mélangeant tous les ingrédients dans un bol.
- Mélanger les légumes dans un plat de service et proposer la sauce à part.

< INFO NUTRITION >

Cette entrée convient parfaitement à la phase offensive du régime IG et à celles et ceux qui surveillent de près leur glycémie. L'artichaut ne fait pas directement « maigrir » car même s'il possède un léger effet diurétique, il fait perdre de l'eau mais pas de la graisse. En revanche, il pourrait avoir un léger effet coupe-faim comme l'a démontré une étude hongroise et surtout, il a un IG bas.

Rillettes de maquereaux

POUR 4 PERSONNES – PRÉPARATION : 10 MIN – CUISSON : 10/15 MIN

SG

- 4 maquereaux frais
- 1 yaourt de vache ou de brebis
- 1 demi-bouquet de persil ciselé
- 1 gousse d'ail
- 1 c. à c. de cumin

Régime IG	CG/pers
phases 1, 2 et 3	0

- Lever les filets de maquereaux et ôter soigneusement les arêtes.
- Cuire les filets à la vapeur pendant 10 à 15 minutes.
- Laisser refroidir.
- Enlever la peau du maquereau et mélanger avec tous les autres ingrédients en écrasant à la fourchette.
- Réserver au frais.

< INFO NUTRITION >

Ces rillettes de maquereaux peuvent être consommées en phase 1 du régime IG sur une feuille de salade ou d'endive, à l'apéritif par exemple. Par la suite, elles pourront être servies sur des toasts de pain de seigle au levain.

Le maquereau fait partie des six poissons les plus riches en acides gras oméga-3 à longues chaînes, avec la sardine, la truite, le hareng, le saumon et le thon. De plus, par rapport aux deux derniers, le maquereau est généralement moins pollué (moins de PCB, dioxines et métaux lourds). Le maquereau peut donc être mis au menu au moins une fois par semaine pour diminuer les risques de maladies cardiovasculaires, d'hypertension artérielle, de cancer et de dépression.

Salade de carottes à l'orange

| POUR 4 PERSONNES – PRÉPARATION : 15 MIN – CUISSON : -

SG SL

- 4 carottes
- 1 gousse d'ail
- 1 pincée de cumin
- Le jus d'une orange
- 1 c. à s. d'huile d'olive
- 1 c. à s. d'huile de colza
- Quelques brins de coriandre

Régime IG	CG/pers
phases 2 et 3	3,1

- Éplucher la gousse d'ail et l'écraser entre deux cuillères ou dans un presse-ail.
- Dans un bol, faire infuser l'ail avec les huiles et le jus d'orange pendant 15 minutes. Ajouter le sel, le poivre et le cumin.
- Brosser les carottes et les râper (râpe à gros trous).
- Retirer la gousse d'ail.
- Mélanger les carottes et la sauce, parsemer de coriandre ciselée et servir aussitôt.

< INFO NUTRITION >

Cette entrée hivernale permet de faire le plein de bêta-carotène via la carotte et de vitamine C avec l'orange. L'allicine de l'ail est aussi d'une grande utilité à cette période de l'année puisque ce composé antibactérien permet de soutenir les défenses immunitaires. D'autre part, toutes les études convergent pour dire que l'ail agit sur tous les fronts en matière de santé : il protège les artères, réduit les taux de cholestérol et de triglycérides, fluidifie le sang, diminue la pression artérielle, neutralise les radicaux libres et bloquerait la croissance des tumeurs.

Poireaux en salade

POUR 4 PERSONNES – PRÉPARATION : 15 MIN – CUISSON : 15/20 MIN SG SL

- 8 à 12 blancs de poireaux (conserver le vert pour une soupe)
- 1 échalote
- 1 c. à s. d'huile d'olive
- 1 c. à s. d'huile de colza
- 2 c. à s. de vinaigre de cidre
- 1 dizaine de noisettes

Régime IG	CG/pers
phases 1, 2 et 3	0

- Laver les poireaux en conservant le maximum de vert.
- Les faire cuire à la vapeur pendant 15 à 20 minutes.
- Dans un bol, mélanger l'échalote finement ciselée, les huiles et le vinaigre. Saler.
- Mettre les poireaux encore tièdes dans un plat et recouvrir de sauce.
- Concasser grossièrement les noisettes et les ajouter à la salade.

< INFO NUTRITION >

Constitué en majeure partie d'eau, le poireau fait partie des aliments qui apaise la faim rapidement et évite les fringales entre les repas. De plus, il fait partie de la grande famille des alliacées qui compte près de 500 végétaux, dont l'ail et l'oignon, réputés pour leurs vertus santé, mais aussi la ciboule, la ciboulette, l'échalote… Les études indiquent que la consommation d'alliacées aurait un effet protecteur contre les cancers de l'estomac et de l'intestin.

Cette entrée est parfaite dès la phase 1 du régime IG. Elle peut également être servie en tant qu'accompagnement d'un poisson ou d'une viande blanche en ajustant la quantité de poireaux.

Petites terrines de blettes à la vapeur, sauce noisettes

POUR 4 PERSONNES – PRÉPARATION : 25 MIN – CUISSON : 25 MIN

V SG SL

- 6 belles feuilles de blettes
- 2 gousses d'ail
- 1 oignon
- 2 c. à s. d'huile d'olive
- 1 c. à c. de cumin en poudre
- 1 c. à s. rase de farine de sarrasin
- 2 œufs

Sauce :

- 15 à 20 noisettes
- 2 c. à s. de raisins secs
- Eau

Régime IG	CG/pers
phase 3	2

- Faire tremper les noisettes et les raisins dans un grand bol d'eau.
- Laver les blettes, séparer le vert des côtes. Couper les côtes en petits dés et émincer le vert finement.
- Éplucher l'ail et l'oignon et les émincer. Dans une poêle, faire revenir doucement l'ail et l'oignon. Au bout de 3 minutes, ajouter les côtes de blettes et le cumin. Couvrir et cuire 5 minutes. Ajouter enfin le vert de blettes et prolonger la cuisson douce à couvert pendant 5 minutes.
- Dans un robot mixeur, mélanger le contenu de la poêle, la farine de sarrasin et les deux œufs. Saler et poivrer.
- Chemiser des moules individuels et y verser la préparation. Cuire à la vapeur pendant 15 minutes.
- Préparer la sauce en mixant finement les noisettes et les raisins soigneusement rincés. Ajouter juste l'eau nécessaire pour obtenir une sauce onctueuse qui nappe une cuillère.
- Servir les terrines accompagnées de cette sauce et d'une salade.

< INFO NUTRITION >

Même si la recette contient de la farine de sarrasin, elle n'en apporte que quelques grammes par personne. La terrine seule peut donc être servie dès la phase 1 du régime IG, sans la sauce puisque les raisins secs possède un IG modéré (64).

Salade de pissenlit, œuf mollet en gelée d'ortie

POUR 4 PERSONNES – PRÉPARATION : 20 MIN + 3 H – CUISSON : 5 MIN V SG SL

300 g de jeunes feuilles de pissenlit
4 œufs
1 poignée de pointes d'orties fraîches
¼ litre d'eau
2 g d'agar-agar
1 petit bol de lentilles blondes germées

Assaisonnement :
1 c. à c. de moutarde à l'ancienne
1 c. à c. de vinaigre de cidre
1 c. à s. de sauce soja
1 c. à s. d'huile d'olive
1 c. à s. d'huile de colza
1 petite gousse d'ail pressée
2 échalotes grises

Régime IG	CG/pers
phases 1, 2 et 3	0

- Faire cuire les 4 œufs mollets, 3 minutes environ après ébullition.
- Dans une casserole, dissoudre l'agar-agar dans le quart de litre d'eau. Y plonger les pointes d'orties et amener à ébullition. Couper le feu, saler, poivrer et laisser infuser à couvert pendant 10 minutes.
- Pendant ce temps, écaler les œufs et les mettre dans des petits ramequins individuels.
- Mixer finement le bouillon d'ortie. Le verser dans les ramequins. Placer au frais après refroidissement. Laisser prendre 3 heures.
- Faire tremper les pissenlits 10 minutes dans de l'eau avec 1 cuillère à café de vinaigre. Les laver soigneusement, couper les queues, essorer et réserver.
- Laver soigneusement les orties de la même manière que les pissenlits et les hacher grossièrement.
- Préparer l'assaisonnement en mélangeant tous les ingrédients dans l'ordre.
- Verser, au fond de quatre bols, 1 cuillérée à soupe de cette sauce. Y mettre une petite poignée de pissenlit.
- Démouler dessus l'œuf en gelée, puis parsemer de lentilles germées.

Tartare d'avocat à la mangue et au citron vert

| POUR 4 PERSONNES – PRÉPARATION : 15 MIN – CUISSON : -

SG SL

2 avocats à point
1 mangue
1 belle tomate charnue
1 citron vert (jus + zeste)
Sel et poivre

Régime IG	CG/pers
phases 2 et 3	5,4

- Éplucher la mangue et couper la chair en morceaux.
- Éplucher la tomate soit après l'avoir plongée 1 minute dans l'eau bouillante, soit après l'avoir coupée crue en quatre et épépinée.
- Utiliser un couteau bien affûté. Couper la chair de tomate en tout petits dés.
- Couper la chair d'avocat de la même manière. Arroser de quelques gouttes de jus de citron au fur et à mesure.
- Prélever le zeste du citron avant d'en extraire le jus.
- Mélanger tous les ingrédients dans un bol.
- Saler et arroser du jus de citron restant.

{ VARIANTE }

Vous pouvez ajouter quelques feuilles de coriandre fraîche ou remplacer la mangue par la papaye.

< INFO NUTRITION >

En remplaçant la mangue par la papaye, on divise par deux la CG de cette entrée. L'avocat a un IG très bas. Il est riche en graisses mono-insaturées comme l'huile d'olive et les amandes. Consommer un demi-avocat à midi favorise le contrôle de la glycémie après le repas et la satiété.

Salade de céleri à la crème cajou, fausse rémoulade

POUR 4 PERSONNES – PRÉPARATION : 10 MIN – CUISSON : -

SG SL

- 1 oignon
- ½ gousse d'ail
- 2 c. à s. de purée de noix de cajou
- Le jus d'un demi-citron
- Une pointe de cumin
- Persil ou autres herbes fraîches au choix (en réserver pour la présentation)
- 1 c. à c. de sauce soja (shoyu)
- 1 c. à c. de vinaigre de cidre
- 1 pincée de carvi en grains (facultatif)
- 1 céleri râpé (300/400 g)

Régime IG	CG/pers
phases 1, 2 et 3	0,5

- Mixer tous les ingrédients sauf le céleri.
- Ajouter de l'eau tiède par petites touches pour arriver à la consistance d'une crème liquide.
- Mélanger le céleri râpé à cette sauce.
- Conserver au frais.
- Parsemer d'herbes fraîches ciselées au moment de servir.

< INFO NUTRITION >

Cette entrée à base de céleri peut être consommée dès la phase offensive du régime IG (phase 1) et convient parfaitement aux diabétiques. Ne faisant pas fluctuer la glycémie, elle peut se consommer au déjeuner ou au dîner sans restriction. La fausse rémoulade à base de purée de cajou, remplace avantageusement la crème fraîche au plan nutritionnel.

Crème de haricots blancs au sésame

POUR 1 BOL – PRÉPARATION : 10 MIN – CUISSON : 60 MIN

SG SL

200 g de haricots secs blancs
1 oignon piqué de 3 clous de girofle
2 c. à s. de tahin (purée de sésame blanc)

Régime IG	CG/bol
phases 2 et 3	35,3

- La veille, mettre les haricots à tremper dans l'eau.
- Le lendemain, cuire les haricots dans 3 fois leur volume d'eau à petit feu pendant environ 45 minutes à 1 heure avec l'oignon piqué de girofle.
- Saler en fin de cuisson. Réserver un peu d'eau cuisson.
- Une fois les haricots cuits et refroidis, les mixer finement avec le tahin en ajoutant un peu de bouillon pour obtenir une texture fine.
- Rectifier l'assaisonnement.
- Utiliser cette crème à l'apéritif pour y tremper des bâtonnets de légumes ou compléter une assiette de légumes.

{ ASTUCE }

Cette crème de haricots se congèlera très bien en petites portions.

< INFO NUTRITION >

Tous les légumes secs contiennent des facteurs antinutritionnels qui font partie de l'arsenal de défense de la plante contre les insectes et les parasites. Lectines, phytates etc. limitent l'absorption de plusieurs nutriments. Heureusement certains de ces facteurs antinutritionnels sont éliminés à la cuisson ou lors de la germination. Les légumes secs ont un index glycémique bas. Ils sont en outre peu onéreux. Il est temps de les remettre à l'honneur dans les assiettes !

Caviar d'aubergines vapeur

| POUR 1 BOL – PRÉPARATION : 15 MIN – CUISSON : 15 MIN

SG SL

2 aubergines
1 oignon
3 c. à s. d'huile d'olive
1 gousse d'ail
1 c. à s. de persil ciselé
2 c. à s. de ciboulette ciselée
Le jus d'un demi-citron
1 c. à s. de tahin (purée de sésame blanc)

Régime IG	CG/pers
phases 1, 2 et 3	0

- Laver les aubergines avant de les couper en petits dés.
- Émincer l'oignon.
- Cuire ces deux légumes à la vapeur pendant 15 minutes.
- Mettre les légumes dans une poêle avec l'huile d'olive, l'ail pressé, le persil et la ciboulette.
- Mélanger et cuire encore 2 minutes. Saler, poivrer.
- Mixer la préparation en ajoutant le jus de citron et le tahin.
- Mixer finement et laisser refroidir.
- Servir à l'apéritif pour y tremper des bâtonnets de légumes, sur des toasts de pain au levain ou pour garnir des sandwichs.

< INFO NUTRITION >

Ce caviar d'aubergines est parfait dès la phase 1 du régime IG et pour tous ceux qui souhaitent servir des préparations originales à l'apéritif sans en payer le prix fort en termes de calories ou de charge glycémique.
Il peut aussi rehausser le goût des salades composées, à raison d'une cuillère à café par personne, sans perturber la glycémie.

Salade de chou blanc, cacahuètes et poulet poché

I POUR 4/6 PERSONNES – PRÉPARATION : 20 MIN – CUISSON : 10/15 MIN

SG SL

200 g de filet de poulet ou de dinde
½ chou vert lisse
1 c. à c. de curry
1 c. à s. d'huile d'olive
1 poignée de cacahuètes
1 c. à c. de graines de moutarde (facultatif)
5 c. à s. de crème soja cuisine
Jus d'un demi-citron
1 c. à c. de moutarde forte
1 belle poignée de persil et d'estragon ciselé

Régime IG	CG/pers
phases 1, 2 et 3	0

- Préparer la sauce : faire revenir 3 minutes le curry, les graines de moutarde et les cacahuètes dans l'huile d'olive. Réserver les cacahuètes.
- Hors du feu, ajouter au curry la crème soja cuisine et mélanger avec une cuillère en bois.
- Dans un bol, mélanger la moutarde au jus de citron, puis ajouter le mélange crème soja-curry. Réserver.
- Faire chauffer ½ litre d'eau dans une casserole avec les herbes ciselées et un peu de sel et de poivre. Couper les filets de poulet en émincé. L'ajouter dans le fumet d'herbes et laisser cuire à petit feu pendant 8 minutes. Couper le feu, couvrir et laisser infuser. Enrober l'émincé de poulet poché dans 1 ou 2 cuillérées de sauce. Réserver le reste de sauce.
- Émincer finement le chou et le plonger dans le fumet d'herbes pendant 3 minutes afin de le « décrudir ». Égoutter.
- Servir le chou dans un bol ou une assiette.
- Ajouter l'émincé de poulet et les cacahuètes.
- Proposer le reste de sauce dans un bol.

< INFO NUTRITION >

Cette salade est parfaite en petite entrée pour 4 à 6 personnes et peut également être servie en plat principal pour 2 personnes, dès la phase offensive du régime IG (phase 1).

la nature

Pain de courgettes à la moutarde et aux herbes

I POUR 6 PERSONNES – PRÉPARATION : 20 MIN – CUISSON : 45 MIN

V SG

500 g de courgettes
4 œufs
125 ml de crème fraîche (ou crème avoine cuisine)
Persil
½ c. à c. de curry
2 c. à s. de graines de moutarde
Sel et poivre

Régime IG	CG/pers
phases 1, 2 et 3	0

- Préchauffer le four thermostat 6 (180°C).
- Nettoyer les courgettes et les détailler sans les éplucher. Les cuire à l'étouffée environ 10 minutes en les laissant encore croquantes.
- Dans une terrine, battre les œufs puis ajouter la crème. Ajouter le persil ciselé, le curry et une cuillérée à soupe de graines de moutarde. Saler et poivrer.
- Enfin, ajouter les courgettes.
- Chemiser un plat à terrine et y verser la préparation. Parsemer des graines de moutarde restantes.
- Cuire à thermostat 6 pendant environ 30 minutes.
- Servir froid ou tiède.

< INFO NUTRITION >

Les pains de courgettes sont un bon moyen de manger des légumes chauds sans forcément avoir l'impression d'en manger ! Ils peuvent être intégrés dès la phase offensive du régime IG en entrée ou en accompagnement d'une viande ou d'un poisson. Ces « flans de légumes » peuvent se décliner avec d'autres légumes, en fonction des saisons (poireaux par exemple).

Salade de chou rouge cru, châtaignes et pommes

POUR 4 PERSONNES – PRÉPARATION : 15 MIN – CUISSON : -

SG SL

- 1 petit chou rouge
- 1 pomme
- 200 g de châtaignes cuites au naturel

Assaisonnement :

- 1 c. à c. de moutarde forte
- 2 c. à s. de vinaigre de cidre
- 2 c. à s. d'huile d'olive
- 2 c. à s. d'huile de colza
- 2 pincées de cumin en poudre

Régime IG	CG/pers
phases 2 et 3	12

- Enlever les premières feuilles du chou. Le couper en deux, prélever la partie centrale et l'émincer très finement.
- Le laver et l'égoutter.
- Écraser les châtaignes grossièrement.
- Laver les pommes et les couper en morceaux ou en lamelles.
- Préparer l'assaisonnement. Mélanger la moutarde et le vinaigre. Ajouter un peu de sel puis les huiles et le cumin.
- Mettre le chou dans un plat, ajouter les pommes et les châtaignes et napper de sauce.

< INFO NUTRITION >

La châtaigne est le fruit comestible du châtaignier. Son IG est modéré et impacte donc moyennement la glycémie si elle consommée dans des quantités raisonnables. De plus, dépourvue de gluten, elle convient parfaitement aux intestins sensibles. Riche en fibres, en vitamines du groupe B, potassium et magnésium, il n'y a plus aucune raison de la fuir !

{{{

Ne diabolisons plus les sauces !

Reléguées dans la catégorie des « interdits » alimentaires, les sauces ont mauvaise réputation. Et pourtant selon les ingrédients qui les composent, elles sont au contraire aussi essentielles pour le palais que pour la santé. Encore faut-il savoir marier les bons ingrédients entre eux.

Nous avons imaginé une multitude de sauces ci-après, autant d'idées pour :

- varier les assaisonnements de vos salades,
- agrémenter toutes sortes de plats de légumes, poissons, viandes,
- garnir des légumes ou des fonds de tarte,
- faire des marinades pour viandes, poissons ou légumes en carpaccio,
- accompagner des légumes croquants à l'apéritif,
- créer des alternatives aux béchamels, mayonnaises, et autres sauces blanches qui, grâce à des ingrédients savoureux et denses nutritionnellement, opéreront un retour en grâce sur votre table.

Très simples à réaliser avec un petit robot hachoir ou un blender, certaines se conserveront jusqu'au lendemain au réfrigérateur comme par exemple les sauces à base de légumes secs ou de légumes. N'hésitez pas à les congeler en petites portions.

< SAUCES À BASE D'HERBES FRAÎCHES >

Mixer ensemble les ingrédients dans un robot blender et allonger avec un peu d'eau.

- **Émulsion de persil et citron :** 1 demi-bouquet de persil, 1 demi-gousse d'ail, 2 c. à s. d'huile d'olive, 2 c. à s. d'huile de colza, 1 c. à c. de sauce soja, le jus d'un demi-citron, eau.
- **Émulsion de cerfeuil :** 1 demi-bouquet de cerfeuil, 2 c. à s. d'huile d'olive, 2 c. à s. d'huile de colza, 1 c. à c. de sauce soja, le jus d'un demi-citron, eau.
- **Sauce estragon aux agrumes :** le jus d'une orange, 1 gousse d'ail pressée, 1 c. à s. d'huile d'olive, 1 c. à s. d'huile de colza, plusieurs brins d'estragon, sel, poivre.

• **Émulsion de roquette :** Une petite poignée de roquette, 1 demi-gousse d'ail, 2 c. à s. d'huile d'olive, 2 c. à s. d'huile de colza, le jus d'un demi citron, eau.

• **Sauce romarin pour soupe de pois chiches :** 1 c. à s. de brins de romarin frais, 6 c. à s. d'huile d'olive, 1 gousse d'ail, eau.

Les herbes fraîches, épices et aromates sont des alliés indispensables pour une cuisine saine et savoureuse. Les plats les plus simples comme des légumes cuits à la vapeur revêtiront des airs de fête avec une émulsion de persil ou un filet de citron. Ayez toujours à la maison un peu d'ail, d'oignon et d'échalote, un bouquet de persil et deux ou trois épices aux usages multiples :

• le curry, mélange de plusieurs épices indiennes incluant le curcuma ;
• la cannelle, idéale dans les desserts mais amie aussi des plats salés, des cakes et des terrines ;
• le gingembre (ou son cousin le galanga) pour son côté piquant et rafraîchissant.

< SAUCES À BASE DE LÉGUMES >

Réduire une petite quantité de légumes en purée, ajouter un aromate ou une épice, un peu de jus de citron et/ou un peu de liquide pour obtenir la texture souhaitée.

• **Crème de carottes au curcuma et gingembre :** 2 carottes cuites vapeur. Mixer finement avec les épices, sel, poivre et un peu de lait ou de crème soja.

• **Crème d'artichauts au citron :** 2 cœurs d'artichaut mixés avec le jus d'un citron, sel, poivre + dés de tomates confites, ail et origan.

Et selon le même principe, voici quelques idées à décliner :

• Coulis de poivrons rouges, origan et huile d'olive
• Coulis de tomates cuites, oignons, sarriette, tofu
• Caviar d'aubergine en sauce fine et ciboulette
• Sauce sucrée salée aux oignons et aux pruneaux
• Sauce de panais au fenouil
• Sauce à l'avocat

< SAUCES À BASE DE LÉGUMES SECS >

Selon le même principe que les sauces à base de légumes, utiliser cette fois un petit reste de légumineuses qui complétera une assiette de légumes ou pourra s'utiliser sur des toasts ou pour garnir des sandwiches.

Afin de diluer les crèmes, vous pourrez utiliser un peu de bouillon de cuisson ou du lait de soja ou simplement un peu d'eau. Voici quelques idées d'associations :

- Crème de haricots rouges et origan
- Crème de haricots blancs et purée d'amande
- Crème de lentilles brunes à la vanille
- Crème de pois chiche à l'huile d'olive et au cumin

< SAUCES À BASE DE CRÈME SOJA LIQUIDE, TOFU FERME OU TOFU SOYEUX >

Il suffit de mixer le tofu et les autres ingrédients dans un robot et d'utiliser un peu de lait de soja pour parfaire la consistance.

- Crème de tofu et herbes fraîches
- Crème de tofu au citron et à l'ail
- Crème onctueuse de champignons à la crème d'avoine et fenugrec
- Sauce tomate au tofu

< SAUCES À BASE DE YAOURT OU DE FROMAGE >

- Sauce yaourt ciboulette, sel, poivre
- Sauce fromage de chèvre, huile d'olive et basilic
- Sauce roquefort, crème soja cuisine
- Sauce yaourt à la menthe, au cresson
- Sauce yaourt au concombre ou à la tomate

< SAUCES À BASE DE FRUITS OLÉAGINEUX >

Mixer ensemble les ingrédients dans un robot blender et allonger avec un peu de liquide.

- Sauce noisettes, raisins secs : 20 noisettes, 2 c. à s. de raisins secs, eau
- Sauce cajou : 20 noix de cajou, échalote, 10 cl de lait de soja, jus de citron

< BÉCHAMEL VÉGÉTALE >

2 c. à s. bombées de farine précuite (quinoa) ou de farine (blé, lentilles, pois chiche), 3 verres de « lait » de soja nature, sel, huile d'olive. Lier l'ensemble dans une casserole à feu doux. Ajouter au choix un peu de purée d'amandes ou de noix de cajou, des aromates, des herbes fraîches ciselées, oignons ou champignons rissolés, tomates séchées…

< SAUCE CRÈME >

2 c. à s. de farine précuite (quinoa) ou de farine (blé, lentilles, pois chiche), 3 verres de bouillon, sel. Lier l'ensemble dans une casserole à feu doux. Ajouter au choix crème d'amande, aromates, herbes fraîches ciselées, olives, champignons, tomates séchées…

< SAUCE MAYONNAISE VÉGÉTALE >

2 ou 3 c. à s. de purée de noix de cajou (ou d'amandes) à délayer dans un peu d'eau. Ajouter ensuite un peu de sel et l'huile d'olive en filet comme pour monter une mayonnaise. Aromatiser au choix avec une gousse d'ail, quelques gouttes de jus de citron, des fines herbes…

< SAUCES SALADES >

Toutes les sauces à base d'herbes fraîches (page 127) conviennent pour les salades mais aussi :

- **La simple :** 1 c. à s. d'huile de colza, 1 c. à s. d'huile d'olive, 1 c. à s. de vinaigre de cidre, sel, poivre.
- **L'onctueuse :** 1 c. à s. d'huile de colza, 1 c. à s. d'huile d'olive, un demi-jus de citron, une demi-échalote ciselée, 1 c. à s. de crème soja cuisine, sel aux algues
- **La sauce moutarde :** 1 c. à s. d'huile de colza, 1 c. à s. d'huile d'olive, 1 c. à s. de vinaigre de cidre, 1 c. à c. de moutarde, oignon râpé, persil
- **La sauce amande ou cajou :** 1 c. à c. de purée d'amande ou de cajou, un peu d'eau, 1 c. à s. de vinaigre de pomme, ail vert, sel, poivre
- **L'émulsion persil :** 1 bouquet de persil, 10 cl de crème soja, 1 trait d'huile d'olive, sel, le jus d'un demi-citron
- **La sauce noix et fenouil :** 1 c. à s. d'huile de noix, 1 c. à s. de vinaigre de cidre, sel, poivre, grains de fenouil

###

SOUPES

Velouté de carottes au galanga et à la coriandre

POUR 4 PERSONNES – PRÉPARATION : 15 MIN – CUISSON : 15 MIN

SG SL

6 carottes
1 oignon émincé
2 c. à s. d'huile d'olive
1 c. à c. rase de galanga
2 c. à s. de coriandre fraîche

Régime IG	CG/pers
phases 1, 2 et 3	0

- Brosser les carottes et les couper en rondelles.
- Faire revenir l'oignon dans une casserole avec l'huile d'olive pendant 5 minutes. Ajouter les carottes, le galanga et la coriandre fraîche (en conserver quelques brins). Mélanger et couvrir d'eau. Cuire à petit feu pendant environ 15 minutes.
- Saler et poivrer très légèrement.
- Une fois les carottes cuites, les mixer finement dans un blender.
- Servir aussitôt en décorant de feuilles de coriandre.

{ VARIANTE }

Si vous n'avez pas de galanga, utilisez du gingembre.

< INFO NUTRITION >

La soupe de légumes est un plat à mettre au menu de celles et ceux qui souhaitent perdre du poids ou garder la ligne. Pourquoi ? Parce qu'un bol de 250 ml de soupe apporte en moyenne une centaine de calories, c'est-à-dire à peu près autant que deux petits carrés de chocolat, mais est nettement plus rassasiant. D'ailleurs, les études le montrent : ceux qui consomment de la soupe au moins trois fois par semaine sont plus minces que les autres. En commençant son déjeuner par un bol de soupe, on diminue automatiquement les calories ingérées dans la journée !

Soupe de fanes à la patate douce

POUR 4 PERSONNES – PRÉPARATION : 15 MIN – CUISSON : 15/20 MIN SG SL

1 gros saladier de fanes mélangées (radis, navet, carottes...)
1 oignon et 2 gousses d'ail émincées
2 c. à s. d'huile d'olive
1 litre de bouillon de légumes (ou 1 cube de bouillon de légumes)
1 petite patate douce (300 g)
Sel et poivre

Régime IG	CG/pers
phases 2 et 3	7

- Laver les fanes et les couper grossièrement pour en réduire le volume.
- Faire revenir l'oignon et l'ail dans une grande casserole avec l'huile d'olive pendant 5 minutes.
- Ajouter les fanes et couvrir pendant 2 minutes. Elles vont réduire de volume. Mélanger le tout et couvrir d'eau.
- Éplucher la patate douce, la couper en dés et les ajouter au contenu de la casserole.
- Cuire à feu doux pendant 15 minutes.
- Saler et poivrer avant de mixer finement.
- Servir bien chaud.

< INFO NUTRITION >

Avec cette délicieuse soupe de fanes, vous découvrirez qu'en utilisant les feuilles que vous aviez l'habitude de jeter, vous réduisez vos déchets et vous prenez soin de votre santé ! Faites de même avec le vert des poireaux qui parfumera délicatement vos soupes ou avec vos restes de légumes que vous transformerez en de savoureux gratins.

Et n'hésitez pas à récupérer l'eau de cuisson de vos légumes pour en faire comme ici des soupes ou pour faire cuire vos pâtes ou votre riz, vous conserverez ainsi toutes les vitamines hydrosolubles, comme les vitamines du groupe B !

Gaspacho express au melon

POUR 4 PERSONNES – PRÉPARATION : 5 MIN – CUISSON : -

SG SL

- 4 tomates charnues et bien mûres
- 1 concombre
- 1 petit oignon
- 1 quart de melon
- 2 gousses d'ail
- 2 c. à s. d'huile d'olive
- Plusieurs brins de persil ou de ciboulette
- 3 c. à s. de vinaigre de cidre

Régime IG	CG/pers
phases 2 et 3	2

- Laver les légumes.
- Éplucher le concombre, l'oignon et l'ail.
- Éplucher les tomates et les épépiner.
- Enlever la peau du melon.
- Couper le tout en morceaux et les mettre dans un robot blender.
- Ajouter l'huile d'olive, les herbes fraîches et le vinaigre.
- Saler et poivrer légèrement.
- Mixer finement et mettre au frais jusqu'au moment de servir.

< INFO NUTRITION >

Les soupes froides en été ont l'avantage de conserver un maximum de vitamine C antioxydante car elles ne nécessitent pas de cuisson. La vitamine C étant sensible à la chaleur et à la lumière, cette dernière est davantage préservée dans une soupe froide. Prenez soin de choisir des fruits et des légumes les plus frais possibles et d'éviter de les stocker trop longtemps, même au frais dans votre réfrigérateur.

Soupe de fèves à la tunisienne

POUR 4 PERSONNES – PRÉPARATION : 20 MIN – CUISSON : 40 MIN

SG SL

150 g de fèves fraîches
100 g de lentilles
1 c. à s. de fenugrec
3 gousses d'ail émincées
1 oignon râpé
1 c. à c. de cumin
2 c. à s. d'huile d'olive
2 c. à s. de persil haché
2 c. à s. de purée de tomates
1 pincée de piment

Régime IG	CG/pers
phase 3	5,8

- La veille, faire tremper le fenugrec dans un bol d'eau.
- Le lendemain, faire revenir à feu doux avec l'huile d'olive, l'oignon, l'ail, le fenugrec égoutté, le cumin et la feuille de laurier pendant 5 minutes en remuant de temps en temps.
- Ajouter alors les lentilles et un litre d'eau.
- Au bout de 20 minutes environ, ajouter le persil, la purée de tomates, le piment et les fèves (les éplucher si elles sont grosses).
- Prolonger la cuisson 10 à 15 minutes.
- Saler et poivrer en fin de cuisson.
- Vérifier la cuisson des fèves et servir aussitôt.

< INFO NUTRITION >

La teneur en protéines des légumineuses, dont font partie les fèves et les lentilles, est toujours très intéressante. La fève possède un effet « hypocholestérolémiant » qui pourrait s'expliquer (en partie) par le profil particulier des acides aminés constituant ses protéines. Par ailleurs, les fibres qu'elle contient contribuent à normaliser les niveaux de glucose et d'insuline sanguins et participent à la bonne santé de l'intestin. Cerise sur le gâteau, son taux de potassium très élevé permet de contrebalancer l'excès de sodium (de sel) de l'alimentation occidentale moderne.

Crème de chou-fleur à la ciboulette

POUR 4 PERSONNES – PRÉPARATION : 15 MIN – CUISSON : 20 MIN

SG SL

- 1 chou-fleur
- ½ fenouil
- 1 oignon
- 2 gousses d'ail
- 1 c. à s. d'huile d'olive
- 10 brins de ciboulette

Régime IG	CG/pers
phases 1, 2 et 3	0

- Préparer le chou-fleur et le fenouil. Les laver et les couper en morceaux.
- Détailler l'oignon et les gousses d'ail.
- Dans une casserole, faire revenir l'ail et l'oignon pendant 2 minutes avec l'huile d'olive.
- Ajouter le chou-fleur et le fenouil, couvrir d'eau à niveau et cuire jusqu'à attendrissement.
- Saler et poivrer légèrement.
- Ajouter la moitié de ciboulette. Mixer finement.
- Servir aussitôt parsemé du reste de ciboulette ciselée.

< INFO NUTRITION >

Comme tous les légumes, de par son IG bas et sa faible teneur en glucides, le fenouil possède une CG très basse qui le classe parmi les légumes pouvant se consommer à volonté, sans risque de perturber la glycémie et le poids.
Dans cette recette il sert à aromatiser le chou-fleur mais il peut également être consommé dès la phase offensive du régime IG, revenu dans un peu d'huile d'olive, en accompagnement des viandes et surtout des poissons.

Soupe complète de haricots aux herbes

I POUR 4 PERSONNES – PRÉPARATION : 15 MIN – CUISSON : 50 MIN

SG SL

- 200 g de haricots blancs secs, mis à tremper la veille
- 2 gousses d'ail écrasées
- 1 gros oignon émincé
- 1 branche de céleri coupée en morceaux
- 4 tomates bien mûres hachées
- 1 bouquet garni (thym, persil, laurier) Herbes sèches et verdures (marjolaine, origan, bourrache, basilic ...)
- 2 c. à s. d'huile d'olive

Régime IG	CG/pers
phases 2 et 3	12,2

- Mettre les haricots dans un faitout et les recouvrir très largement d'eau froide.
- Placer sur le feu.
- Dès les premiers frémissements, ajouter l'ail écrasé, l'oignon émincé, le céleri coupé en morceaux, les tomates, le bouquet garni et l'huile d'olive.
- Couvrir et laisser cuire à feu doux pendant 30 minutes.
- Saler et poivrer en fin de cuisson.
- Incorporer les herbes lavées et ciselées (en réserver un peu pour le service) et poursuivre la cuisson 15 minutes.
- Servir la soupe en ajoutant le reste d'herbes et un filet d'huile d'olive dans chaque bol.

< INFO NUTRITION >

Les soupes non mixées sont plus rassasiantes que leurs homologues mixées.
Une étude a démontré que la consommation d'une soupe (mixée) permettait de réduire la quantité de calories avalée lors d'un même repas d'environ 50 calories (par rapport à ceux qui ne prenaient pas de soupes) et que ce chiffre monte à 147 calories avec une soupe non mixée ! Cela s'explique en partie par le fait que la mastication joue un rôle primordial dans les sensations de faim et de satiété.
De plus, l'IG d'un aliment sera toujours plus élevé s'il est réduit en purée ou en soupe que s'il n'est pas transformé.

Velouté de panais au curcuma

| POUR 4 PERSONNES – PRÉPARATION : 15 MIN – CUISSON : 15 MIN

SG SL

600 g de panais
1 oignon
2 gousses d'ail
2 c. à s. d'huile d'olive
½ c. à c. de curcuma
1 c. à c. de curry
1 litre de bouillon de légumes
Quelques branches de coriandre fraîche
2 c. à s. de lait de coco

Régime IG	CG/pers
phases 2 et 3	9,4

- Éplucher l'oignon et les gousses d'ail et les émincer.
- Dans une grande casserole, les faire revenir doucement avec l'huile d'olive pendant quelques minutes.
- Éplucher le panais avant de le couper en morceaux.
- L'ajouter au contenu de la casserole, ainsi que les épices.
- Mélanger, ajouter le bouillon de légumes et la moitié de la coriandre ciselée.
- Cuire à feu moyen pendant 10 à 15 minutes après les premiers frémissements.
- Saler et poivrer légèrement.
- Ajouter le lait de coco et mixer.
- Servir parsemé du reste de coriandre ciselée.

< INFO NUTRITION >

Le panais fait partie de la famille des apiacées comme la carotte, le céleri, le persil ou le fenouil, qui ont des vertus anticancer. Le panais contient un peu plus de glucides que la carotte et doit donc être consommé toujours avec parcimonie quand on surveille son poids et/ou sa glycémie. Dépourvu de bêta-carotène, il apporte en revanche plus de folates (vitamine B9) et de sélénium que la carotte. Comme elle, il se déguste cru ou cuit et peut être incorporé à de nombreux plats. L'IG du panais cru est inférieur à l'IG du panais cuit.

Soupe de navets et de patates douces au gingembre

POUR 4 PERSONNES – PRÉPARATION : 15 MIN – CUISSON : 20 MIN

SG SL

- 1 grosse patate douce (400 g)
- 2 beaux navets (200 g)
- 1 oignon
- 2 gousses d'ail
- 1 c. à s. d'huile d'olive
- 1 clou de girofle
- 1 cm de gingembre frais râpé
- 1 citron
- Persil haché

Régime IG	CG/40 G
phases 2 et 3	10,7

- Éplucher l'oignon et les gousses d'ail. Dans une casserole, les faire revenir dans l'huile d'olive avec le clou de girofle et le gingembre pendant 3 minutes.
- Nettoyer les légumes sous un filet d'eau à l'aide d'une brosse. Éplucher la patate douce. Couper les légumes en dés réguliers.
- Les ajouter au contenu de la casserole. Couvrir d'eau et cuire pendant 10 à 15 minutes.
- Saler et poivrer légèrement.
- Vérifier la cuisson des légumes et servir aussitôt en ajoutant un filet de jus de citron et une cuillère de persil haché par personne.

< INFO NUTRITION >

La patate douce est un tubercule au même titre que la pomme de terre mais elle ne fait pas partie de la même famille botanique et cela change tout en matière d'IG ! En effet, la patate douce possède un IG plus faible (50) que la pomme de terre bouillie (100) et elle apporte également des caroténoïdes et des polyphénols protecteurs cellulaires. Elle constitue donc une excellente alternative à la pomme de terre. Toutefois, n'en abusez pas dans les soupes et les plats puisque sa CG demeure beaucoup plus importante que celle d'autres légumes.

Crème de betterave, sauce raifort

POUR 4 PERSONNES – PRÉPARATION : 15 MIN – CUISSON : -

SG SL

- 4 betteraves cuites (500 g)
- Le jus d'un demi-citron
- 1 c. à s. d'huile d'olive
- 1 c. à s. d'huile de colza
- 2 c. à s. de crème de soja ou d'avoine cuisine
- 1 c. à s. de purée de raifort (à défaut de la moutarde au citron)

Régime IG	CG/pers
phase 3	5,5

- Mixer ensemble finement les betteraves cuites, le jus de citron et les huiles.
- Saler et poivrer.
- Préparer la petite sauce en mélangeant intimement la crème et la purée de raifort (ou la moutarde).
- Servir la soupe avec quelques gouttes de crème piquante.
- Cette soupe peut également être servie chaude ou tiède.

< INFO NUTRITION >

La betterave contient des folates à hauteur de 30 % de l'apport quotidien recommandé. Appelés aussi « vitamine B9 naturelle », ils jouent un rôle important dans la prévention des maladies liées à l'âge et des malformations du fœtus pendant les toutes premières semaines de la grossesse. Pour cette raison, les femmes en âge de procréer devraient la mettre plusieurs fois par semaine à leur menu. Crue, elle contient également une quantité appréciable de vitamine C qui participe au bon fonctionnement du système immunitaire. Il est conseillé de faire cuire la betterave avec la peau pour limiter la perte en micronutriments. Elle se pèle d'ailleurs très bien une fois cuite.

Soupe de cresson aux flocons de quinoa

POUR 4 PERSONNES – PRÉPARATION : 15 MIN – CUISSON : 15 MIN

V SG

2 échalotes
1 c. à s. d'huile d'olive
1 bouquet de cresson
1 cube de bouillon de légumes (ou de volaille)
2 c. à s. de flocons de quinoa (20 g)
Crème fraîche ou de crème soja ou avoine cuisine

Régime IG	CG/pers
phases 2 et 3	2*

- Éplucher et émincer l'échalote.
- Dans une casserole, la faire revenir avec l'huile d'olive pendant 2 minutes.
- Laver le cresson, ôter les grosses tiges et le couper grossièrement.
- L'ajouter à la casserole.
- Couvrir avec un litre d'eau, ajouter le cube de bouillon et les flocons de quinoa.
- Compter 10 minutes de cuisson à feu doux.
- Mixer finement avant de servir avec une cuillérée de crème.

< INFO NUTRITION >

Le cresson fait partie des légumes dont la densité nutritionnelle est très élevée, c'est-à-dire que dans un petit volume, on retrouve une myriade de nutriments essentiels pour la santé. Pas étonnant quand on sait qu'il fait partie de la famille des crucifères – des choux – dont on connaît désormais leurs multiples bienfaits pour la santé. De plus, fortement alcalinisant, le cresson contribue à rétablir l'équilibre acido-basique du corps.

* Les flocons de quinoa n'ayant pas été testés à ce jour, il nous est difficile de donner une CG pour cette recette. Nous l'avons donc estimée à partir de l'IG des flocons d'avoine en considérant une teneur en glucides de 69 g/ 100 g.

Soupe de patates douces et wakamé

| POUR 4 PERSONNES – PRÉPARATION : 20 MIN – CUISSON : 30 MIN SG SL

1 cube de bouillon aux légumes
1 c. à s. de persil ciselé
20 cm d'algue wakamé fraîche ou 1 c. à s. rase de wakamé sèche en paillettes
200 g de patates douces
1 carotte
1 grosse c. à s. de miso

Régime IG	CG/pers
phases 2 et 3	5,3

- Faire chauffer 1,5 litre d'eau avec le cube de bouillon et le persil.
- Pendant ce temps, rincer l'algue à l'eau claire pour la dessaler, puis la ciseler très finement.
- La mettre dans le bouillon, porter à ébullition puis couper le feu et couvrir.
- Éplucher les patates douces et les détailler en petits dés.
- Faire de même avec la carotte.
- Ajouter les légumes au bouillon.
- Reporter à l'ébullition puis baisser le feu et compter 15 minutes de cuisson à feu doux.
- Délayer le miso dans une louche de bouillon et l'ajouter au potage.
- Servir bien chaud.

< INFO NUTRITION >

Les algues sont une très bonne source de protéines. Elles apportent globalement autant de vitamines que les légumes (et plus de B1, B3, B9) et fournissent surtout plus de minéraux : sodium, potassium, calcium, magnésium, soufre, phosphore et iode.
Le wakamé est une algue brune, riche en protéines et en alginates, des composés qui pourraient diminuer le risque de cancers digestifs en piégeant les ions fer et cuivre (qui favorisent l'oxydation) dans les cellules à renouvellement rapide, comme celles du côlon.

Soupe à l'oignon et au radis noir

POUR 4 PERSONNES – PRÉPARATION : 20 MIN – CUISSON : 30 MIN

SG SL

- 3 ou 4 beaux oignons
- 2 c. à s. d'huile d'olive
- 1 petit radis noir bien ferme
- 2 c. à s. de sauce soja
- 1 c. à c. de pâte miso (pâte de soja fermentée)
- 200 g de tofu coupé en petits cubes

Régime IG	CG/pers
phases 1, 2 et 3	0

- Éplucher les oignons et enlever les germes.
- Les émincer finement dans le sens des fibres.
- Les faire fondre doucement dans une casserole avec l'huile d'olive pendant 10 minutes.
- Ajouter 1 litre d'eau et cuire ainsi pendant 15 minutes.
- Laver et éplucher le radis noir. Le râper et l'ajouter à la soupe.
- Ajouter également les dés de tofu et prolonger la cuisson encore 5 minutes.
- Une fois les oignons cuits, hors du feu, ajouter la sauce soja, puis le miso, préalablement dilués dans une louche de bouillon.
- Servir aussitôt.

< INFO NUTRITION >

Certains des constituants soufrés et une amine spécifique (la diphénylamine) des oignons s'opposent à une élévation excessive de la glycémie. Ils sont donc parfaitement indiqués dans le régime IG et le régime IG diabète, d'autant que leur CG est très faible. Ils peuvent ainsi être mis à l'honneur tous les jours dans les soupes, les entrées et dans les plats principaux.

Gaspacho tout vert de melon et concombre

I POUR 4 PERSONNES – PRÉPARATION : 10 MIN – CUISSON : -

SG SL

- 1 concombre
- 1 beau melon charentais vert
- 1 c. à c. d'extrait de vanille (facultatif)
- 2 c. à s. d'huile de cameline (ou d'olive)
- ½ verre d'eau
- Sel et poivre

Régime IG	CG/ fruit sec
phase 3	7,7

- Laver le concombre puis l'éplucher et l'épépiner.
- Le couper en dés et le placer dans le blender.
- Couper le melon en deux. Extraire les graines avant de le vider. On peut garder les coques de melon pour la présentation (prendre soin alors de ne pas les percer, ni les abîmer)
- Placer les morceaux de melon dans le blender avec le concombre et ajouter la vanille. Ajouter l'eau et l'huile avant de mixer finement. Rectifier en liquide afin d'obtenir la consistance souhaitée, ni trop épaisse, ni trop fluide.
- Servir bien frais.

< INFO NUTRITION >

Avec 95 % d'eau et son faible apport en calories, le concombre est un légume rafraîchissant qui se consomme à volonté lors du régime IG diabète et tout au long du régime IG. Mieux vaut le consommer cru, avec la peau, pour garder l'ensemble de ses nutriments et dans ce cas, le choisir bio de préférence.

PLATS VÉGÉTARIENS

Crumble de chou-fleur aux petits pois et au chèvre

| POUR 4 PERSONNES – PRÉPARATION : 20 MIN – CUISSON : 5 MIN

V SG

1 chou-fleur
300 g de petits pois écossés extra-frais (400 g cuits)
1 petit fromage de chèvre sec
80 g de noisettes concassées ou en poudre

Régime IG	CG/pers
phases 2 et 3	4

• Laver le chou-fleur. À l'aide d'une râpe à gros trous, le râper de manière à obtenir une grosse semoule.

• Faire chauffer de l'eau dans une casserole. Y plonger les petits pois et 2 minutes plus tard, la semoule de chou-fleur. Couper le feu et attendre une minute. Égoutter soigneusement.

• Dans les assiettes ou dans des bols, alterner les légumes et le fromage coupé en copeaux.

Parsemer de noisettes concassées. Servir aussitôt.

< INFO NUTRITION >

De par leur couleur, les petits pois sont généralement considérés comme des légumes verts. Ils entrent pourtant dans la catégorie des légumineuses et fournissent donc bien plus de protéines et de fibres que les légumes. Toutefois, leur teneur en glucides étant plus élevée que celle des légumes, ils ont aussi une CG plus importante.

Ce crumble peut être consommé à midi puisque le fromage, les noisettes et les petits pois fournissent suffisamment de protéines pour faire durer le sentiment de satiété.

Il convient aussi parfaitement le soir avec une tranche de pain au levain et un fruit de saison.

Marmite de légumes et pois-chiches

POUR 4 PERSONNES – PRÉPARATION : 20 MIN – CUISSON : 50 MIN   SG SL

80 g de pois chiches mis à tremper la veille
1 chou vert
3 carottes
3 poireaux
1 oignon
1 clou de girofle
2 gousses d'ail
1 feuille de laurier
2 c. à s. d'huile d'olive
2 c. à s. de purée de tomates
Persil ou coriandre

Régime IG	CG/pers
phases 2 et 3	4

- Préparer les légumes. Couper le chou, les carottes et les poireaux en morceaux. Piquer l'oignon avec le clou de girofle. Émincer l'ail.
- Dans une cocotte à fond épais, faire revenir pendant 3 minutes avec l'huile d'olive, l'oignon, l'ail et la feuille de laurier. Ajouter les pois chiche rincés et couvrir avec 2 litres d'eau. Cuire pendant 30 minutes avant d'ajouter le reste des légumes. Prolonger la cuisson 15 minutes et ajouter la purée de tomates 5 minutes avant la fin de cuisson.
- Saler et poivrer. Ajouter des herbes fraîches ciselées dans l'assiette.

< INFO NUTRITION >

Cette marmite de légumes est parfaite pour un plat du soir.
Les pois chiches pourraient contribuer à la bonne santé de la flore intestinale. Des études ont montré que des animaux nourris avec une diète contenant des pois-chiches avaient un nombre de bifidobactéries (bactéries bénéfiques vivant dans le gros intestin) plus important que les autres. Or, qui dit plus de bifidobactéries, dit meilleur système immunitaire et meilleure assimilation des nutriments. Cet effet sur la flore intestinale pourrait s'expliquer par la présence dans les pois chiches de grandes quantités d'amidons résistants dont les bifidobactéries sont friandes.

Quinoa corail aux épices et aux légumes

| POUR 4 PERSONNES – PRÉPARATION : 20 MIN – CUISSON : 25 MIN

SG SL

120 g de quinoa
70 g de lentilles corail
2 gros poireaux
1 belle tranche de courge (200 g)
1 oignon et 2 gousses d'ail émincés
1 c. à c. de curry
1 feuille de laurier
1 c. à s. d'huile d'olive
Persil ou coriandre ciselé
Jus de citron

Régime IG	CG/pers
phases 2 et 3	6,6

- Rincer le quinoa.
- Faire tremper les lentilles dans l'eau.
- Pendant ce temps, laver et préparer les légumes. Couper les poireaux en rondelles en conservant le maximum de vert et la courge en petits dés.
- Faire revenir l'ail, l'oignon, le laurier et le curry avec l'huile pendant 1 minute en remuant pour ne pas brûler les épices.
- Ajouter les légumes, mélanger.
- Rincer les lentilles soigneusement.
- Ajouter les lentilles et le quinoa au contenu de la casserole et couvrir largement d'eau (environ 2 fois le volume de quinoa et de lentilles).
- Surveiller la cuisson, ajouter un peu d'eau si nécessaire en cours de cuisson.
- Saler et poivrer.
- Servir chaud, parsemé d'herbes fraîches et d'un filet de jus de citron.

< INFO NUTRITION >

Cuite, la courge peut avoir un IG élevé (jusqu'à 75) mais comme elle renferme peu de glucides, elle peut être intégrée au régime IG et au régime IG diabète. Font partie de la même famille la courgette, le potiron, le pâtisson, les potimarrons, la courge spaghetti, la butternut. Cette recette peut être servie le soir en plat unique ou en accompagnement.

Cassolette de légumes et râpés crus au gingembre

| POUR 4 PERSONNES – PRÉPARATION : 20 MIN – CUISSON : 15 MIN

SG SL

- 300 g de chou rave
- 200 g de radis noir
- 400 g de potimarron
- 1 oignon
- 2 gousses d'ail
- 2 cm de bulbe de gingembre frais
- 4 c. à s. d'huile d'olive
- Le jus d'un demi-citron
- Persil ou cerfeuil

Régime IG	CG/pers
phase 3	10,5

- Laver les légumes en les brossant sous un filet d'eau.
- Éplucher le chou rave (inutile d'éplucher le radis et le potimarron) et couper les légumes en dés réguliers.
- Éplucher l'oignon et l'ail et les émincer.
- Éplucher le gingembre et en couper la moitié en lamelles.
- Faire cuire le tout à la vapeur douce pendant 15 minutes.
- Râper les morceaux de légumes réservés ainsi que le gingembre restant.
- Dans un bol, mettre 1 cuillerée à café de gingembre râpé, l'huile d'olive et le jus de citron. Saler, poivrer légèrement et bien mélanger.
- Servir les légumes vapeur dans un bol avec un peu de légumes râpés, arroser de sauce au gingembre et parsemer de cerfeuil ou de persil ciselé.

< INFO NUTRITION >

On sait désormais que la consommation très fréquente d'ail, d'oignon et de gingembre est bénéfique sur de multiples fonctions de l'organisme. Mais en associant ces trois aliments dans une même recette, on créerait une synergie antioxydante qui surpasserait les effets antioxydants respectifs ! Cette cassolette de légumes conviendra en accompagnement d'une viande ou d'un poisson au repas de midi ou lors d'un dîner léger accompagnée d'une petite timbale de riz basmati.

Tarte de brocolis à la feta

| POUR 6 PERSONNES – PRÉPARATION : 20 MIN – CUISSON : 40 MIN

V

Régime IG	CG/pers
phase 3	17,6

Pâte brisée :

200 g de farine de blé demi-complète (T80)
1 pincée de sel
1 c. à c. de poudre levante
2 c. à s. d'huile d'olive
1 yaourt de brebis
1 c. à s. d'herbes de Provence

Garniture :

1 gros brocoli
200 g de feta émiettée
1 verre de lait de soja
1 œuf

- Mélanger tous les ingrédients de la pâte de manière à former une boule. Si la pâte est trop sèche, ajouter une ou deux cuillerées à soupe d'eau.
- Placer sous un torchon et réserver.
- Laver le brocoli, le couper en bouquets et le cuire à la vapeur douce 10 minutes.
- Dans un bol, battre l'œuf avec le lait de soja. Saler et poivrer.
- Étaler la pâte dans un plat à tarte chemisé.
- Disposer les brocolis dessus et parsemer la feta.
- Verser la préparation liquide sur le dessus.
- Cuire pendant 30 minutes, thermostat 6 (180 °C).

< INFO NUTRITION >

Cette tarte s'accompagne le soir d'une Purée de lentilles corail au curcuma (voir page 162) afin de compléter le profil des acides aminés de la farine de blé par celui des légumineuses. Attention toutefois de ne pas en abuser car la CG grimpe rapidement du fait de la présence de farine !

La poudre levante que l'on trouve en magasin bio est généralement constituée de bicarbonate de sodium et de ferments issus de la vinification. Elle diffère de la levure chimique qui contient du bicarbonate de sodium mais également du pyrophosphate de sodium (diphosphate disodique ou E450), un des 8 additifs à base de phosphore qu'il est conseillé de limiter au quotidien.

Endives braisées aux champignons et châtaignes

POUR 4 PERSONNES – PRÉPARATION : 20 MIN – CUISSON : 30 MIN

SG SL

6 à 8 endives selon leur taille
250 g de champignons
2 c. à s. d'huile d'olive
2 gousses d'ail émincé
Quelques brins de persil ciselé
200 g de châtaignes au naturel
4 c. à s. de crème soja cuisine

Régime IG	CG/pers
phases 2 et 3	10,8

- Enlever les feuilles abîmées des endives et couper le pied. Les couper en quatre dans la longueur. Les cuire à la vapeur pendant 15 minutes environ.
- Nettoyer les champignons, les couper en lamelles. Les mettre dans une poêle à petit feu afin qu'ils rendent leur eau.
- Au bout de 5 minutes, ajouter l'huile d'olive, l'ail et le persil.
- Bien mélanger, prolonger la cuisson quelques minutes puis ajouter les endives par-dessus.
- Saler et poivrer légèrement.
- Baisser le feu.
- Couper les châtaignes en morceaux.
- Servir les endives bien chaudes, accompagnées généreusement de champignons à l'ail, d'une cuillérée de crème soja cuisine et parsemées d'éclats de châtaignes.

< INFO NUTRITION >

L'endive fait partie des légumes les moins caloriques. Elle fournit des fibres très bien tolérées (particulièrement lorsqu'elle est cuite) et qui favorisent le bon fonctionnement intestinal. Sa légère amertume stimule en douceur les sécrétions digestives, sa richesse en potassium favorise une bonne épuration rénale et enfin sa très faible teneur en glucides (1,9 g/100 g) et son très faible IG sont deux atouts pour les régimes IG minceur et diabète. À ce titre c'est l'un des légumes « phares » à consommer à volonté !

Tomates farcies au quinoa parfumé au basilic

| POUR 4 PERSONNES – PRÉPARATION : 15 MIN – CUISSON : 20 MIN

SG SL

4 belles tomates
50 g de quinoa
1 gousse d'ail + 1 petit oignon en petits dés
2 c. à s. d'huile d'olive
10 feuilles de basilic ciselées

Régime IG	CG/pers
phases 2 et 3	1

- Laver les tomates et couper la partie haute de manière à détacher un chapeau. Creuser les tomates et réserver la chair.
- Rincer le quinoa et le faire cuire dans 1 fois et demie son volume d'eau. Une fois l'eau absorbée (environ 15 minutes), couvrir et laisser reposer.
- Faire revenir l'ail et l'oignon avec l'huile d'olive pendant 3 minutes. Ajouter la chair des tomates et le basilic. Saler et poivrer. Ajouter le quinoa, bien mélanger et en farcir les tomates.

< INFO NUTRITION >

Cuisiné comme une céréale, le quinoa n'est cependant pas une graminée puisqu'il appartient à la même famille que la betterave ou les épinards. Une parenté qui explique sans doute son caractère alcalin (contrairement aux céréales qui sont acidifiantes). Le quinoa est par ailleurs riche en fer et en fibres et exempt de gluten, un plus pour ceux qui sont sensibles à cette protéine céréalière.

Cette recette convient parfaitement comme entrée au déjeuner.

Purée de lentilles corail au curcuma

POUR 4 PERSONNES – PRÉPARATION : 15 MIN – CUISSON : 25 MIN SG SL

300 g de lentilles corail
2 oignons
2 gousses d'ail
3 c. à s. d'huile d'olive
½ c. à c. de curry
½ c. à c. de curcuma

Régime IG	CG/40 g
phases 2 et 3	9,9

- Faire tremper les lentilles corail et bien les nettoyer en les frottant entre les doigts. Recommencer l'opération jusqu'à ce que l'eau de rinçage soit claire.
- Râper les oignons et émincer les gousses d'ail. Les faire revenir avec l'huile d'olive et les épices pendant 5 minutes en remuant régulièrement.
- Ajouter les lentilles égouttées.
- Mélanger et verser environ 600 ml d'eau.
- Cuire à feu doux jusqu'à ce que les lentilles forment une purée.
- Ajouter un peu d'eau en cours de cuisson si nécessaire.
- Saler à la fin.
- Mixer pour une purée fine ou servir tel quel.
- On peut ajouter un peu de coriandre fraîche ciselée, un trait de jus de citron ou un filet d'huile d'olive crue.

{ VARIANTE }

Testez une version indienne « hot » de cette purée de lentilles corail en utilisant une pâte faite de gingembre et d'ail écrasés, de piments verts forts, de cumin, de garam masala et de ciboulette hachée.

< INFO NUTRITION >

Cette purée accompagnera un plat de poisson ou de viande, au déjeuner ou au dîner.

Pâtes aux champignons, verdures et sauce roquefort

| POUR 4 PERSONNES – PRÉPARATION : 20 MIN – CUISSON : 25 MIN

V

2 grosses poignées d'épinards
4 feuilles de blettes
300 g de champignons
2 gousses d'ail
2 c. à s. d'huile d'olive
3 c. à s. de persil
300 g de pâtes semi-complètes

Sauce :
100 g de roquefort
1 verre de lait de soja

Régime IG	CG/pers
phases 2 et 3	21

- Laver les légumes. Ciseler les feuilles d'épinards.
- Séparer le vert des côtes de blettes, ciseler les feuilles. Détailler les côtes finement. Cuire les légumes à la vapeur pendant 15 minutes en mettant les côtes au fond du panier-vapeur et la verdure sur le dessus.
- Faire suer les champignons dans une poêle sans matière grasse afin qu'ils perdent un peu leur eau.
- Au bout de 5 minutes, ajouter les gousses d'ail pressées, l'huile d'olive et le persil.
- Dans un bol, écraser le roquefort avec du lait de soja pour en faire une crème fluide mais qui nappe une cuillère.
- Faire cuire les pâtes *al dente* dans une grande quantité d'eau.
- Bien égoutter les légumes, les ajouter aux champignons. Saler et poivrer légèrement. Ajouter également la sauce et bien mélanger. Maintenir au chaud.
- Égoutter les pâtes. Servir avec une belle quantité de légumes.

< INFO NUTRITION >

Les pâtes possèdent un IG modéré, cependant elles ne sont pas sans effet sur la glycémie. Vous pouvez en consommer à raison de 30-50 g en moyenne et pas plus de 2 fois par semaine. Préférez les pâtes complètes ou semi-complètes (les pâtes au quinoa ou aux algues sont aussi intéressantes). Cuisinez-les toujours *al dente* pour abaisser l'IG.

Tian de légumes à la provençale, crème de thym

POUR 4 PERSONNES – PRÉPARATION : 20 MIN – CUISSON : 35 MIN

V SG

- 2 aubergines
- 3 courgettes
- 2 gousses d'ail
- 8 tomates
- 2 oignons
- 1 c. à s. d'huile d'olive
- Origan

Crème de thym :

- 500 ml de crème fraîche (ou de crème végétale)
- 1 oignon et 1 gousse d'ail émincés
- 1 c. à c. de thym
- 1 filet d'huile d'olive

Régime IG	CG/pers
phases 1, 2 et 3	0

- Préchauffer votre four thermostat 5 (150 °C).
- Éplucher et émincer les gousses d'ail. Les faire revenir dans une poêle pendant 2 minutes avec l'huile d'olive.
- Concasser quatre tomates, en extraire le jus et faire revenir la chair avec l'ail.
- Ajouter l'origan. Saler et poivrer, et laisser confire doucement en remuant de temps en temps.
- Couper les aubergines, les courgettes et les quatre tomates restantes en rondelles, sans les éplucher.
- Couper les oignons en rondelles.
- Verser le confit de tomates au fond d'un plat allant au four, puis ajouter les rondelles de légumes côte à côte en intercalant oignons, aubergines, tomates et courgettes.
- Saupoudrer de thym, arroser d'un filet d'huile d'olive et placer au four pendant 30 minutes en couvrant d'un papier cuisson.
- Préparer la crème de thym.
- Faire revenir l'oignon et l'ail émincés avec le thym et un peu d'huile d'olive.
- Feu éteint, ajouter la crème.
- Servir le tian encore tiède accompagné de cette petite sauce.

< INFO NUTRITION >

Cette recette peut s'accompagner dès la phase 2 d'un féculent à IG bas.

Chou braisé à l'anis, sauce cajou et quinoa rouge

POUR 4 PERSONNES – PRÉPARATION : 20 MIN – CUISSON : 25 MIN SG SL

- 1 chou frisé
- 3 c. à s. d'huile d'olive
- 1 pincée d'anis vert en grains
- ½ bouquet de persil ciselé
- 150 g de quinoa rouge

Sauce :

- 2 c. à s. de purée de cajou nature
- Le jus d'un citron
- 1 c. à s. de sauce soja (tamari)

Régime IG	CG/pers
phases 2 et 3	3,2

- Laver le chou et le couper en fines lanières.
- Le cuire à l'étouffée avec quelques cuillérées d'eau pendant 10 minutes.
- En fin de cuisson, ajouter l'huile d'olive, l'anis et le persil.
- Saler et poivrer légèrement et prolonger la cuisson 5 minutes.
- Rincer le quinoa et le cuire dans une fois et demie son volume d'eau salée à bons bouillons.
- Une fois l'eau absorbée, couper le feu et laisser reposer à couvert pendant 10 minutes.
- Préparer la sauce : mélanger tous les ingrédients en terminant par un peu d'eau pour arriver à la consistance d'une crème fine qui nappe une cuillère.
- Mélanger le chou et le quinoa.
- Servir chaud, nappé de la sauce cajou citron et accompagné d'une salade trévise

< INFO NUTRITION >

Les noix de cajou, comme la plupart des oléagineux, constituent une excellente source de magnésium (260 mg/100 g). Le magnésium permet de mieux résister au stress et son déficit est très fréquent. Ajouter des noix de cajou ou de la purée de cajou dans les plats permet d'augmenter facilement vos apports en magnésium ainsi qu'en vitamines du groupe B, également anti-stress.

Terrine d'aubergines, courge et flocons de quinoa

I POUR 6 PERSONNES – PRÉPARATION : 15 MIN – CUISSON : 50 MIN   V   SG   SL

- 2 aubergines
- 400 g de potimarron
- 2 gousses d'ail + 1 oignon émincés
- 50 g de flocons de quinoa
- 1 c. à c. de 4 épices (cannelle, muscade, poivre, girofle)
- 1 œuf

Régime IG	CG/pers
phases 2 et 3	5,1*

- Laver les légumes.
- Couper l'aubergine en petits morceaux.
- Couper le potimarron en deux, enlever les graines et le couper en morceaux sans l'éplucher.
- Faire cuire ces légumes à la vapeur pendant 10 à 15 minutes avec l'ail et l'oignon.
- Dans un robot, mélanger l'ensemble des ingrédients.
- Saler et poivrer.
- Chemiser un moule allant au four et y verser la préparation.
- Cuire thermostat 6 (180 °C) pendant 25 à 35 minutes.

< INFO NUTRITION >

L'aubergine est riche en fibres solubles (2 g/100 g). Elle trouve parfaitement sa place dans les régimes IG minceur et IG diabète. Toutefois, véritable « éponge à gras », commencez par la cuire à la vapeur, après l'avoir détaillée en tranches sans la peler (3 min en autocuiseur). Ensuite, vous pourrez la faire revenir dans l'huile d'olive. Cette terrine peut s'accompagner d'une viande ou d'un poisson au déjeuner ou simplement d'un petit bol de féculents à IG bas le soir.

***L'IG des flocons de quinoa n'ayant pas été testé, nous nous sommes basés sur l'IG des flocons d'avoine (IG 59) et la teneur en glucides des flocons de quinoa (69 g/100 g).**

Terrine de panais, patates douces et champignons

| POUR 6 PERSONNES – PRÉPARATION : 20 MIN – CUISSON : 30 MIN

V SG SL

150 g de champignons
300 g de purée de panais
3 c. à s. de persil ciselé
300 g de purée de patates douces
125 g de tofu fumé
1 c. à c. de curry
4 œufs

Régime IG	CG/pers
phases 2 et 3	7,8

- Préchauffer le four thermostat 6 (180 °C).
- Laver et émincer les champignons.
- Mélanger la purée de panais, les champignons, le persil et 2 œufs. Réserver.
- Couper le tofu fumé en petits dés.
- Mélanger la purée de patates douces, les dés de tofu fumé, le curry et les deux autres œufs.
- Saler les deux préparations.
- Chemiser un plat à terrine et le remplir des deux préparations successivement.
- Cuire au four pendant 30 minutes.

< INFO NUTRITION >

Les champignons, qu'ils soient frais, surgelés ou en conserve, possèdent un IG très bas. Très riches en eau, ils apportent du phosphore, du sélénium, des glucanes qui peuvent s'apparenter aux fibres, des minéraux et surtout du potassium, qui participe activement à la restauration de l'équilibre acido-basique du corps et enfin des vitamines B2 et B3. Vous pouvez en consommer à volonté.

Cette terrine peut être consommée après une soupe maison ou servie avec une salade verte, suivie d'un laitage nature et un fruit de saison pour un dîner léger.

Cette recette s'intègre dès la phase offensive du régime IG. Par la suite, vous pouvez l'accompagner si besoin d'une portion de féculents à IG bas : petite timbale de riz basmati, de quinoa, de sarrasin, d'orge perlé.

Galettes de flocons d'azukis aux herbes

| POUR 4 PERSONNES – PRÉPARATION : 25 MIN – CUISSON : 20 MIN

V SG SL

Régime IG	CG/pers
phases 2 et 3	24,3*

- 1 verre de flocons d'azukis (125 g)
- 1 verre de flocons de quinoa (125 g)
- 2 verres de lait de soja nature
- 2 œufs
- 1 beau bouquet d'herbes (persil, ciboulette, marjolaine…)
- 1 c. à c. bombée de paprika
- Huile d'olive pour la cuisson

- Couvrir tous les flocons de lait végétal.
- Dès qu'ils sont imbibés, ajouter les œufs battus et les herbes finement ciselées. Saler et poivrer.
- Ajouter le paprika et bien mélanger.
- Verser des petites louches de cette préparation dans une poêle bien huilée.
- Cuire doucement en couvrant, puis retourner les galettes (les ingrédients sont donnés pour 8 galettes soit 2 galettes par personne).
- Servir avec une salade de roquette et des concombres avec un filet d'huile d'olive.

< INFO NUTRITION >

Les azukis sont des haricots japonais plus petits que les haricots rouges du chili con carne. Comme toutes les légumineuses, ils apportent une grande quantité de protéines rassasiantes, de potassium alcalinisant et de fibres régulatrices du transit.

*** Les IG des flocons d'azukis et des flocons de quinoa n'ont pas été testés. Afin d'estimer la CG de ces galettes, nous nous sommes basés sur l'IG des flocons d'avoine (IG 59). Les flocons d'azukis renferment 63 g de glucides/100 g, et les flocons de quinoa 69 g/100 g.**

Risotto intégral au fenouil et aux champignons

POUR 4 PERSONNES – PRÉPARATION : 20 MIN – CUISSON : 30 MIN

SG SL

150 g de riz rond intégral
1 oignon
3 gousses d'ail
150 g de champignons
1 gros bulbe de fenouil (minimum 300 g)
½ bouquet de persil
3 c. à s. d'huile d'olive
500 ml de bouillon de légumes

Régime IG	CG
phase 3	22,1

- Faire tremper le riz pendant 1 heure dans un grand bol d'eau froide.
- Éplucher l'ail et l'oignon et les émincer.
- Laver et émincer les champignons.
- Laver et couper le fenouil en dés.
- Laver et ciseler le persil.
- Dans un faitout, faire suer les oignons et l'ail.
- Ajouter les champignons et quelques minutes plus tard, les dés de fenouil.
- Égoutter le riz et l'ajouter dans le faitout.
- Saler et poivrer légèrement.
- Verser le bouillon, couvrir et laisser mijoter jusqu'à absorption quasi complète. Vérifier la cuisson du riz et ajouter un peu de bouillon si nécessaire.
- Juste avant de servir, ajouter le persil finement ciselé.

< INFO NUTRITION >

Cette recette de risotto s'accompagne très bien d'une salade de mâche pour un dîner léger, et d'une pomme cuite en dessert. Saviez-vous que dans les paquets de riz que l'on achète, il y a toujours un mélange d'au moins deux variétés de riz (différentes botaniquement mais semblables dans leur aspect) ? Dans le cas du Basmati par exemple, ce riz parfumé est mélangé à un autre, non parfumé. Une seule exception, en Italie : les variétés utilisées pour le risotto (Arborio) qui peuvent se trouver pures.

VIANDES ET POISSONS

Tajine de poulet aux fruits séchés façon île de Ré

POUR 8 PERSONNES – PRÉPARATION : 30 MIN – CUISSON : 75 MIN

SL

- 1 beau poulet d'environ 2 kg
- 2 c. à s. d'huile d'olive
- 1 verre de Pineau des Charentes (150 ml)
- 250 g de raisins secs
- 8 figues séchées
- 2 c. à s. de crème d'avoine (farine précuite)
- 1 c. à s. de crème d'avoine liquide

Marinade :

- 3 c. à s. d'huile d'olive
- 1 oignon
- 3 gousses d'ail
- 1 verre de Pineau des Charentes
- 1 verre de vinaigre de cidre
- 1 verre d'eau
- Thym
- Poivre noir en grains
- Baies roses

Régime IG	CG/pers
phase 3	18

- La veille, préparer la marinade en mélangeant tous les ingrédients.
- Enrober le poulet coupé en morceaux. Le couvrir et le placer au frais.
- Le lendemain, faire revenir le poulet sur toutes ses faces dans l'huile d'olive. Filtrer la marinade et l'ajouter au poulet. Saler, poivrer et cuire à feu doux 45 minutes.
- Placer les morceaux de poulet dans un faitout, arroser de Pineau des Charentes et flamber.
- Réserver le poulet dans le plat de service maintenu au chaud.
- Dans le faitout, ajouter les raisins secs et quelques figues séchées. Laisser cuire légèrement quelques instants.
- Prélever un peu de jus, épaissir à la crème de céréales et ajouter la crème d'avoine liquide.
- Verser cette sauce sur le poulet au moment de servir.

Tartare au couteau, marinade asiatique au curcuma

| POUR 2 PERSONNES – PRÉPARATION : 15 MIN – CUISSON : - SG SL

300 g de bavette
2 cm de curcuma frais
2 c. à s. d'huile de colza
1 c. à s. de sauce soja
1 échalote
Quelques brins de coriandre fraîche
Poivre

Régime IG	CG/pers
phases 1, 2 et 3	0

- Laver et ciseler la coriandre.
- Éplucher et émincer le curcuma.
- Émincer l'échalote
- Emincer la viande au couteau, soit en petits cubes, soit en fines lanières en respectant le sens des fibres.
- Mélanger l'ensemble des ingrédients juste au moment de servir.

< INFO NUTRITION >

Viande, rouge ou blanche, œufs, produits de la mer... si vous cherchez à perdre du poids, n'hésitez pas à manger une portion de protéines de bonne qualité au déjeuner (environ 100-150 g par personne). Ces aliments n'ont pas d'impact sur la glycémie, ils sont rassasiants et prolongent la satiété durant deux à trois heures après le repas. La viande rouge a de bons atouts : elle possède tous les acides aminés essentiels et constitue une excellente source de fer facile à assimiler par l'organisme. Il est recommandé d'en consommer une fois par semaine pour les hommes et les femmes ménopausées et jusqu'à deux fois par semaine pour les enfants (en adaptant les quantités), les adolescents et les femmes réglées.

Magret de canard aux blettes et à l'anis

| POUR 2 PERSONNES – PRÉPARATION : 15 MIN – CUISSON : 25 MIN

SL

- 1 magret de canard de 200 g environ
- 6 belles feuilles de blettes
- 1 grand verre de lait de soja nature
- 2 c. à s. rase de farine d'épeautre ou de blé semi-complète
- 1 c. à s. d'anis (grains)
- ½ c. à c. de gingembre (poudre)

Régime IG	CG/pers
phases 2 et 3	4,2

- Laver les feuilles de blettes. Séparer le vert des côtes. Couper le tout très finement et cuire à la vapeur pendant 10 minutes.
- Diluer la farine d'épeautre ou de blé semi-complète avec le lait de soja dans une casserole.
- Ajouter l'anis et le gingembre.
- Saler et poivrer.
- Mettre sur feu doux jusqu'à un léger épaississement.
- Lancer la cuisson des filets de canard côté peau, dans une poêle sans matière grasse.
- Cuire environ 10 minutes puis retourner le magret et cuire encore 5 minutes.
- Mettre les blettes dans la béchamel fine et mélanger.
- Servir les filets découpés avec une belle portion de blettes.

< INFO NUTRITION >

Les feuilles de blettes, encore appelées bettes, se consomment comme leurs proches cousins les épinards. Malgré leur belle couleur verte, elle regorge de lutéine, un pigment antioxydant de la famille des caroténoïdes retrouvé en abondance dans le cristallin et la rétine de l'œil et qui protège ces parties spécifiques de l'œil.
Cette recette apportant de la farine, prêtez attention au reste du repas qui dans l'idéal devra fournir peu de glucides si vous souhaitez perdre du poids.

Bœuf sauté au wok et légumes racines

| POUR 4 PERSONNES – PRÉPARATION : 20 MIN – CUISSON : 6 MIN

SG SL

- 400 g de filet de bœuf
- 1 carotte
- 1 panais (300 g)
- 1 petit bocal de germes de soja (facultatif)
- 1 citron
- 1 cm de gingembre frais
- 1 demi-bouquet de coriandre fraîche
- 1 c. à s. de sauce soja
- 2 c. à s. d'huile d'olive
- 1 c. à s. d'huile de sésame

Régime IG	CG/pers
phases 2 et 3	5,2

- Couper le filet de bœuf en fines lamelles.
- Dans un bol, mélanger le gingembre râpé, la sauce soja, les huiles et le jus du citron. Ajouter les lamelles de bœuf et laisser mariner 1 heure au frais.
- Éplucher le panais et la carotte. Couper les légumes en julienne.
- Égoutter les germes de soja et effeuiller la coriandre.
- Égoutter la viande et réserver la marinade.
- Faire chauffer un peu de marinade dans un wok et y faire sauter la viande à feu vif pendant 3 minutes en remuant. Réserver.
- Faire sauter les légumes avec les germes de soja et le reste de marinade pendant quelques minutes en remuant.
- Ajouter la viande et la coriandre et servir aussitôt.

< INFO NUTRITION >

Les germes de soja ne sont pas issus des fèves de soja qui servent à réaliser le tofu ou le lait de soja. Il s'agit de jeunes pousses issues des graines de haricots mungo après germination.

Cette recette convient parfaitement pour un déjeuner, accompagné d'un petit bol d'orge mondé (dont l'IG est inférieur à celui de l'orge perlé) ou de quinoa par exemple.

Courgettes farcies au poulet et au curry

POUR 4 PERSONNES – PRÉPARATION : 25 MIN – CUISSON : 30 MIN

SG SL

- 4 grosses courgettes
- 400 g de filet de poulet
- 50 g de lardons
- 1 oignon
- 2 gousses d'ail
- 2 c. à s. d'huile d'olive
- Quelques brins de persil ciselé

Régime IG	CG/pers
phases 1, 2 et 3	0

- Laver les courgettes et les éplucher une bande sur deux pour un effet décoratif. Les couper en tronçons de 5 centimètres et les creuser délicatement.
- Couper le poulet en morceaux.
- Émincer l'ail et l'oignon.
- Dans une poêle, faire revenir l'oignon et l'ail avec l'huile d'olive pendant quelques minutes.
- Ajouter le poulet, les lardons et le persil, couvrir et prolonger la cuisson à couvert et à feu doux pendant 10 minutes. Saler, poivrer et mixer grossièrement.
- Farcir les courgettes de cette préparation et cuire à la vapeur douce pendant 15 minutes. Ou bien pendant 5 minutes avec un temps de repos de 20 minutes à couvert feu éteint.

< INFO NUTRITION >

Les jeunes courgettes contiennent davantage de fibres solubles (pectines et protopectines) qui les rendent moelleuses à la cuisson. Ces fibres, douces mais terriblement efficaces sur le transit, sont très bien tolérées par les intestins fragiles. Cette recette convient à toutes les phases du régime IG ainsi qu'aux diabétiques. Très pauvre en glucides, elle ne perturbe pas la glycémie.

Filet mignon mariné aux figues, épinards et crosnes

POUR 4 PERSONNES – PRÉPARATION : 25 MIN – CUISSON : 30 MIN — SG SL

- 2 filets mignons de 200 g environ
- 8 figues
- 2 citrons
- 2 c. à s. d'huile d'olive
- 5 belles poignées d'épinards
- 300 g de crosnes

Régime IG	CG/pers
phases 2 et 3	*

• Faire tremper les figues afin de les attendrir pendant 2 heures au moins. Mixer ensemble les figues coupées en petits morceaux, le jus de citron et l'huile d'olive pour obtenir une pâte. Enrober les filets mignons de cette préparation. Filmer et réserver au frais pendant 2 heures.

• Préparer les crosnes. Les enrouler dans un torchon avec du gros sel et frotter entre les mains. Rincer.

• Laver les épinards et couper les queues.

• Sortir les filets du réfrigérateur et les mettre dans un plat allant au four après avoir enlevé la pâte de figues. Placer dans le four chauffé à 180 °C (th. 6). Après 15 à 20 minutes, recouvrir les filets de la pâte de figues et prolonger la cuisson 10 minutes.

• Cuire les crosnes à la vapeur pendant 10 minutes.

• Cuire les épinards à la suite grâce à la chaleur résiduelle (feu éteint) pendant 5 minutes à peine.

• Sortir les filets du four, les couper en lamelles et les servir aussitôt avec les crosnes et les épinards.

< INFO NUTRITION >

Le filet mignon contient moins de 5 g de graisses pour 100 g.

***Le crosne est un petit tubercule dont le goût rappelle celui de l'artichaut et du salsifis. Son IG n'a pas été mesuré. Il renferme 17 g de glucides/100 g.**

Parmentier de dinde à la sauge, panais et céleri

| POUR 4 PERSONNES – PRÉPARATION : 20 MIN – CUISSON : 40 MIN SG SL

1 céleri rave
2 panais (600 g)
1 pointe de muscade
500 g de filet de dinde
3 feuilles de sauge
2 branches de thym

Régime IG	CG/pers
phases 2 et 3	9,4

• Éplucher le céleri et brosser le panais sous l'eau. Les couper en morceaux et les cuire à la vapeur pendant 20 minutes avant de les réduire en purée. Saler et poivrer. Ajouter un peu de muscade.

• Parsemer la dinde de sauge et de thym. Saler et poivrer. Faire cuire la dinde au four sans matière grasse pendant 20 minutes à 180°C (th. 6). Recouvrir d'un papier cuisson ou aluminium. Retourner à mi-cuisson.

• Hacher la viande dans un robot. Dans un plat allant au four, répartir une couche de purée, puis une couche de viande et recouvrir de purée.

• Mettre au four à 120°C (th. 4) pour maintenir au chaud jusqu'au moment de servir.

{ VARIANTE }

À l'aide de cercles, présenter directement dans les assiettes en alternant la purée et la viande. Saupoudrer de quelques noisettes concassées pour le croquant.

< INFO NUTRITION >

Un hachis Parmentier sans pommes de terre. À base de panais et de céleri, il a un IG bas. Les pommes de terre possèdent un IG très élevé, surtout lorsqu'elles sont réduites en purée. Les pommes de terre ne sont pas des sucres lents !

Blanquette de blettes et dinde pochée aux herbes

I POUR 4 PERSONNES – PRÉPARATION : 25 MIN – CUISSON : 40 MIN SG SL

400 g de filets de dinde
- 1 c. à s. d'herbes sèches (thym, origan, sarriette)
- 8 à 10 grandes feuilles de blettes
- 1 oignon
- 1 c. à s. d'huile d'olive
- 3 c. à s. de farine de blé complète
- 5 brins de persil

Régime IG	CG/pers
phase 3	3,1

- Dans une casserole, faire chauffer un demi-litre d'eau avec les herbes. Saler et poivrer.
- Émincer les filets de dinde et les plonger dans l'eau frémissante. Cuire à petits bouillons pendant 10 minutes. Arrêter la cuisson, couvrir et laisser reposer.
- Laver les blettes, séparer le vert des côtes. Émincer le tout.
- Éplucher et émincer l'oignon puis le faire revenir dans une casserole avec l'huile d'olive pendant 5 minutes. Ajouter les côtes et prolonger la cuisson à couvert pendant 10 minutes. Ajouter ensuite le vert et cuire encore 3 minutes à couvert. Saler et poivrer.
- Égoutter la dinde et réserver 300 ml de bouillon. Y diluer la farine de blé et ajouter aux blettes. Mélanger et laisser mijoter quelques minutes.
- Servir cette blanquette de blettes accompagnée de la dinde pochée aux herbes.

< INFO NUTRITION >

Cette recette fait appel à des techniques de cuisson douces, qui, contrairement aux cuissons à haute température, empêchent la formation d'AGE (*Advanced Glycation End products*). Les AGE favorisent l'inflammation et accélèrent les processus de vieillissement. Complétez ce plat d'une portion de glucides à IG bas : 30 à 50 g de quinoa cru par personne, en fonction du gabarit et de l'activité physique.

Tajine d'agneau aux abricots secs

| POUR 6 PERSONNES – PRÉPARATION : 30 MIN – CUISSON : 60 MIN

SG SL

1,5 kg d'épaule d'agneau coupée en morceaux
12 à 18 abricots secs moelleux
200 g d'amandes
1 gros oignon
2 bâtons de cannelle ou 1 c. à c. rase de cannelle en poudre
2 clous de girofle
1 c. à c. rase de gingembre en poudre ou frais râpé
1 c. à c. de curcuma frais râpé ou en poudre
3 ou 4 pistils de safran
5 tiges de coriandre
Huile d'olive
Sel et poivre

Régime IG	CG/pers
phases 2 et 3	9,6 à 14,4

- Rincer les amandes puis les faire tremper dans un grand bol d'eau.
- Faire de même avec les abricots.
- Dans une cocotte à fond épais, faire dorer l'agneau en tous sens. Éplucher l'oignon et l'émincer. Une fois la viande bien dorée, ajouter l'oignon et poursuivre la cuisson 10 minutes à feu doux. Ajouter ensuite les épices. Mélanger soigneusement et couvrir d'eau.
- Cuire à couvert pendant 25 minutes à feu doux.
- Hacher la coriandre. Émonder les amandes.
- Au bout de 25 minutes de cuisson, ajouter les abricots, la coriandre et les amandes. Saler et poivrer. Poursuivre la cuisson encore 25 minutes. Piquer la viande avec un couteau. Elle doit bien se détacher.
- Servir le tajine avec des patates douces cuites à la vapeur

{ VARIANTE }

Vous pouvez cuire ce tajine au four dans un plat en terre avec couvercle que vous laisserez jusqu'à la fin de la cuisson.

< INFO NUTRITION >

Attention : chaque abricot augmente la CG de 4,8. Le curcuma renferme un puissant antioxydant qui est beaucoup mieux assimilé en présence de poivre.

Poulet poché au thym, épinards frais et raisins

POUR 3 PERSONNES – PRÉPARATION : 15 MIN – CUISSON : 25 MIN

SG

1 kg d'épinards frais
3 échalotes
3 à 6 gousses d'ail
1 grappe de raisin rouge
1 beau filet de poulet de 300-400 g
2 c. à s. de vin blanc sec
1 noix de beurre
1 branche de thym
Huile d'olive
Sel et poivre

Régime IG	CG/pers
phases 2 et 3	7,6

- Laver et trier les épinards, enlever les queues et les hacher.
- Hacher l'échalote. Éplucher les gousses d'ail et en hacher la moitié.
- Laver le raisin et couper les grains en deux.
- Saler et poivrer la viande.
- La faire revenir dans une cocotte avec une cuillère à soupe d'huile d'olive, en tous sens.
- Ajouter la moitié de l'échalote, les gousses d'ail entières et le thym.
- Ajouter un verre d'eau. Couvrir et laisser mijoter 20 minutes.
- Dans une autre cocotte, faire revenir le reste des échalotes et l'ail avec une cuillère à soupe d'huile d'olive pendant 2 minutes. Ajouter les raisins et poursuivre la cuisson 2 minutes. Ajouter les épinards et le vin blanc. Faire cuire 4 minutes à feu doux.
- Ajouter la noix de beurre. Saler et poivrer.
- Couper la viande en tranches ou en morceaux.
- Disposer la viande sur les épinards et parsemer de quelques raisins.

< INFO NUTRITION >

C'est la grappe de raisin qui augmente la CG du plat. Il faudra supprimer ce fruit de la recette si vous êtes en phase 1 du régime IG.

Poulet au cresson, radis roses et oignons-grelot

| POUR 6/8 PERSONNES – PRÉPARATION : 30 MIN – CUISSON : 90 MIN SG SL

- 1 gros poulet de 2 kg coupé en morceaux
- 1 botte d'oignons-grelot et leurs fanes
- 1 botte de radis roses et leurs fanes
- 1 botte de jeunes carottes (800 g)
- 4 petits navets (200 g)
- 3 gousses d'ail épluchées
- Sel et poivre
- 1 citron
- Bouillon de légumes ou un cube de bouillon de légumes

Régime IG	CG/pers
phases 2 et 3	3,3

• Placer les morceaux de poulet dans un faitout. Saler et poivrer les morceaux de tous côtés avant de couvrir largement de bouillon de légumes.

• Lancer la cuisson et baisser le feu aux premiers frémissements.

• Pendant ce temps, préparer les légumes. Couper les oignons en deux ou en quatre. Ciseler leurs fanes. Faire de même avec les radis en les conservant entiers. Couper les carottes en morceaux et les navets en quatre.

• Après 30 à 45 minutes de cuisson, ajouter les carottes et les navets, l'ail, les oignons et leurs fanes.

• Poursuivre la cuisson 30 minutes puis ajouter les radis roses et leurs fanes. Poursuivre la cuisson 10 à 15 minutes. Vérifier la cuisson de la viande en la piquant avec un couteau pointu. Rectifier l'assaisonnement.

• Servir les morceaux de poulet accompagnés du bouillon gras et de ses légumes dans un grand bol. Ajouter un filet de jus de citron.

< INFO NUTRITION >

La viande de volaille est globalement peu grasse, à condition de ne pas manger la peau. Elle constitue une bonne source de fer mais aussi de cystéine, un antioxydant majeur. Préférez toujours les poulets élevés en plein air.

Petites terrines épinards-crevettes

POUR 4 PERSONNES – PRÉPARATION : 25 MIN – CUISSON : 20 MIN

SG SL

2 courgettes
1 poignée d'épinards
24 crevettes cuites
1 c. à c. de curry
4 c. à s. de crème soja cuisine
1 œuf entier + 1 jaune
Le zeste d'un citron

Régime IG	CG/pers
phases 1, 2 et 3	0

- Laver les courgettes et les couper en morceaux sans les éplucher. Les cuire à la vapeur 8 minutes.
- Laver les feuilles d'épinards et les ajouter au panier vapeur à la fin de la cuisson des courgettes.
- Couper le feu et couvrir, les épinards vont cuire avec la vapeur résiduelle.
- Décortiquer les crevettes.
- En réserver quatre pour la présentation et couper les autres en morceaux. Les saupoudrer de curry.
- Dans un saladier, battre la crème soja cuisine avec les œufs et le zeste du citron. Saler et poivrer légèrement.
- Mixer brièvement les légumes.
- Les ajouter au contenu du saladier ainsi que les crevettes.
- Répartir dans des ramequins légèrement graissés à l'huile d'olive et cuire à la vapeur pendant 15 minutes.

< INFO NUTRITION >

Ce plat est idéal pour un dîner, avec une salade verte. Pour le repas de midi, afin d'apporter suffisamment de protéines aux effets satiétogènes, vous pouvez prévoir une entrée avec une autre source de protéines telle la Salade de pissenlit, œuf mollet en gelée d'ortie (voir page 114).

Salade de lieu noir à la papaye

POUR 4 PERSONNES – PRÉPARATION : 25 MIN – CUISSON : 5 MIN

SG SL

350 g de lieu noir en filet
1 petit oignon rouge
5 à 7 tranches de papaye séchée ou de la papaye fraîche
2 petites courgettes
1 citron vert
Huile d'olive
Quelques brins de coriandre
Sel et poivre

Régime IG	CG/pers
phases 2 et 3	1

- Faire tremper la papaye séchée dans un bol en la recouvrant d'eau.
- Cuire le poisson à la vapeur avec les brins de coriandre et une tranche de citron vert. Lorsqu'il est cuit, enlever soigneusement les arêtes et détacher la chair en suivant le sens des fibres. Le poisson se détache comme des petites écailles.
- Laver les courgettes et les couper en petits dés ou bien les râper.
- Couper l'oignon en petits dés.
- Égoutter la papaye et la détailler en morceaux.
- Mélanger délicatement les ingrédients et arroser d'un peu de jus de citron et d'huile d'olive.

< INFO NUTRITION >

La papaye, tout comme la framboise et la groseille, fait partie des fruits les moins sucrés : 7,6 g de glucides pour 100 g lorsqu'elle est à maturité, mais cette teneur ne dépasse pas 3 g dans la papaye encore verte que l'on consomme alors en légume, râpée et cuite. Elle regorge de vitamine C (environ 64 mg aux 100 g, c'est-à-dire plus que dans les agrumes) et apporte également du bêta-carotène.
Cette entrée apporte suffisamment de protéines pour le repas et peut donc également se consommer au dîner en plat unique.

Sardines marinées au citron et à la ciboulette

I POUR 4 PERSONNES – PRÉPARATION : 20 MIN – CUISSON : - SG SL

- 2 douzaines de sardines en filets
- 2 citrons
- 4 c. à s. d'huile d'olive
- 2 gousses d'ail coupées en deux
- Ciboulette

Régime IG	CG/pers
phases 1, 2 et 3	0

- Dans un petit bol, faire infuser les gousses d'ail avec l'huile d'olive et le jus des citrons pendant 20 minutes.
- Laver les filets de sardines et les sécher sur du papier absorbant.
- Les mettre dans un plat légèrement creux et recouvrir de la marinade après avoir enlevé la gousse d'ail.
- Ajouter la ciboulette ciselée.
- Réserver au frais pendant une heure au moins avant de déguster.

< INFO NUTRITION >

Les sardines – comme les maquereaux – méritent d'occuper une bonne place dans votre alimentation. Il faut dire qu'elles cumulent de nombreux avantages :

- elles constituent une excellente source d'oméga-3 à longues chaînes ;

- elles font partie des poissons les moins chers du marché ;

- elles peuvent être consommées sans crainte par les femmes enceintes car elles présentent des taux de mercure parmi les plus faibles ;

- elles ne font pas partie des espèces en voie de disparition (comme le thon rouge par exemple) ;

- en boîte, elles sont aussi excellentes pour la santé, surtout si vous les choisissez à l'huile d'olive. Préférez les sardines entières aux filets, car l'arête centrale constitue une excellente source de calcium hautement biodisponible.

Poisson en papillote et purée de brocolis

I POUR 4 PERSONNES – PRÉPARATION : 15 MIN – CUISSON : 30 MIN SG SL

- 2 beaux brocolis (ou 1 kg de brocolis surgelés)
- 1 oignon
- 4 filets de lieu noir (ou de colin d'Alaska)
- 2 gousses d'ail
- Thym
- 1 citron
- 1 demi-verre de lait de soja
- Cerfeuil

Régime IG	CG/pers
phases 1, 2 et 3	0

- Faire chauffer l'eau dans la partie basse d'un cuiseur vapeur.
- Laver les brocolis, les couper en petits bouquets et émincer l'oignon. Les faire cuire à la vapeur douce pendant 15 minutes. Réserver au chaud.
- Préparer les papillotes de poisson pour une cuisson vapeur. Mettre les poissons dans du papier cuisson, ajouter les gousses d'ail émincées, le thym et une rondelle de citron. Saler et poivrer légèrement. Cuire à la vapeur douce pendant 10 à 15 minutes.
- Écraser les brocolis et l'oignon en purée grossière en ajoutant un peu de lait de soja. Saler et poivrer légèrement.
- Servir les poissons avec cette purée.
- Ajouter du cerfeuil et un filet de jus de citron.

{ VARIANTE }

Enrouler les poissons dans des algues comme la laitue de mer ou le Kombu royal, très large. Vous pourrez même manger les algues avec le poisson.

< INFO NUTRITION >

Cette recette est idéale pour un repas léger. Elle peut se suffire à elle-même en phase offensive du régime IG, avec une entrée de crudités et un yaourt soja nature en dessert. Par la suite, elle s'accompagne d'un petit bol de céréales ou de légumes secs.

Tartare de saumon frais et fenouil mariné à l'orange

| POUR 4 PERSONNES – PRÉPARATION : 20 MIN – CUISSON : -

SG SL

- 2 pavés de saumon de 200 g
- 2 bulbes de fenouil
- 1 oignon rouge

Marinade :

- 2 c. à s. d'huile d'olive
- 2 c. à s. d'huile de colza
- 1 c. à s. de vinaigre de cidre
- 2 c. à s. de sauce soja
- Le jus d'une orange
- Quelques pistils de safran

Régime IG	CG/pers
phases 2 et 3	3,2

- Découper 2 tranches fines de saumon par personne. Couper les chutes en petits dés. Réserver au frais.
- Laver le fenouil et couper les cœurs en petits dés (conserver le reste pour le cuire en soupe ou en accompagnement).
- Couper l'oignon rouge en tout petits dés. Mêler les deux.
- Préparer la marinade en mélangeant les ingrédients liquides et le safran.
- Faire mariner les dés de fenouil et d'oignon ainsi que le saumon en dés séparément. Laisser mariner 1 heure au frais.
- Présenter les assiettes avec 2 tranches de saumon nature, un peu de tartare de saumon et de fenouil mariné.

< INFO NUTRITION >

Le saumon apporte de précieux oméga-3 à longues chaînes. En France, 9 saumons sur 10 proviennent d'un élevage. Le saumon d'élevage possède peu ou prou les mêmes qualités nutritionnelles que le sauvage (il est souvent plus gras). C'est en termes d'impact sur l'environnement que le saumon d'élevage est problématique. Il est en effet nourri aux farines et aux huiles de poisson dont la fabrication menace les ressources halieutiques.

Cocotte de moules au safran et à la coriandre

| POUR 4 PERSONNES – PRÉPARATION : 25 MIN – CUISSON : 5 MIN

SG

1 kg de moules de bouchot
5 échalotes
2 c. à s. d'huile d'olive
Thym
Une pincée de pistils de safran
Coriandre fraîche
1 c. à s. de crème fraîche ou de crème soja
1 céleri rave
500 g de choux de Bruxelles

Régime IG	CG/pers
phases 1, 2 et 3	0

- Préparer les légumes et les couper en petits dés. Les cuire à la vapeur pendant 15 minutes.
- Laver les moules. Ciseler les échalotes. Les faire suer dans une grande cocotte avec l'huile d'olive et le thym. Ajouter les moules et les faire ouvrir à feu vif et à couvert pendant environ 4 à 5 minutes. Sortir les moules de leurs coquilles et réserver.
- Ajouter ensuite le safran et la crème dans le jus des moules.
- Ajouter les légumes et les moules, une bonne poignée de coriandre fraîchement ciselée et servir aussitôt.

< INFO NUTRITION >

Les moules contiennent des quantités importantes de cystéine et de taurine. Ces deux substances sont des antioxydants majeurs qui participent à la protection contre les toxiques et les radicaux libres. Ainsi, dès la phase offensive du régime IG, n'hésitez pas à inclure les moules une fois par semaine dans vos menus.
Et dans le cadre du régime IG, pour accompagner ce plat, troquez les sempiternelles frites par des haricots verts, du fenouil vapeur ou une poêlée de courgettes.

Gratin de morue aux blettes

POUR 4 PERSONNES – PRÉPARATION : 30 MIN – CUISSON : 45 MIN

SL

500 g de morue
600 g de blettes
2 oignons
1 c. à s. d'huile d'olive
1 c. à c. d'un mélange d'herbes sèches (thym, sarriette...)
700 ml de lait de soja nature
3 c. à s. de farine de blé complète
2 c. à s. de d'huile d'olive
Muscade

Régime IG	CG/pers
phases 2 et 3	5,1

- La veille, dessaler la morue en la faisant tremper dans une grande quantité d'eau que l'on change plusieurs fois jusqu'au lendemain.
- Laver les blettes, couper les côtes en morceaux et émincer le vert. Les cuire à la vapeur pendant 15 minutes. Réserver.
- Cuire ensuite la morue à la vapeur pendant 20 minutes. Piquée d'une pointe de couteau, la chair ne résiste pas.
- À l'aide d'une fourchette, émietter la morue.
- Préparer la béchamel végétale : éplucher l'oignon et le couper en petits dés. Le faire revenir avec l'huile d'olive pendant 5 minutes. Ajouter les herbes. À l'aide d'un fouet, délayer progressivement la farine avec le lait de soja dans un bol. Ajouter ce mélange aux oignons et laisser épaissir légèrement tout en mélangeant.
- Mélanger les blettes, la béchamel et la morue et répartir le mélange dans un plat. Placer au four pendant 20 minutes à 160 °C.
- Ajouter du fromage râpé (emmental, parmesan ou fromage de chèvre) si vous le souhaitez.

Servir aussitôt.

< INFO NUTRITION >

Cette recette apportant de la farine, le reste du repas, dans l'idéal, devra fournir peu de glucides si vous souhaitez perdre du poids.

DESSERTS

Compote de pêches au thym

| POUR 4 PERSONNES – PRÉPARATION : 10 MIN – CUISSON : 10/15 MIN V SG SL

1 kg de pêche
3 brins de thym
4 c. à c. de miel d'acacia ou de sirop d'agave (facultatif)

Régime IG	CG/pers
phases 2 et 3	9,4

- Laver les pêches et les couper en dés sans les éplucher.
- Les mettre dans une casserole avec le thym effeuillé et cuire 10 à 15 minutes en remuant de temps en temps.
- Servir et ajouter si besoin un peu de miel d'acacia ou de sirop d'agave.

< INFO NUTRITION >

Les pêches contiennent des composés phénoliques antioxydants. Les études montrent que la peau de la pêche en contient deux fois plus que la chair, d'où l'importance de consommer la pêche avec sa pelure, à condition bien sûr qu'elle soit issue de l'agriculture biologique. Les pêches jaunes sont également une bonne source de caroténoïdes (lutéine, bêta-carotène) ; elles en contiennent dix fois plus que les pêches blanches et cette teneur augmente considérablement au cours du mûrissement du fruit.

Le fait d'ajouter une cuillère à café de miel augmente la CG totale de ce dessert de 2,2. Pour une cuillère à café de sirop d'agave, ajoutez seulement 1,3.

Crème de courge butternut à la mandarine

| POUR 4 PERSONNES – PRÉPARATION : 20 MIN – CUISSON : 35 MIN

V SG SL

250 g de courge butternut
300 ml de lait d'amande sans sucre ajouté
3 c. à s. de sirop d'agave
1 mandarine pour le zeste
1 gros œuf

Régime IG	CG/pers
phases 2 et 3	5

- Éplucher la courge et couper la chair en petits dés.
- Cuire à la vapeur pendant 10-15 minutes.
- Une fois qu'elle est fondante, la mixer finement avec tous les ingrédients.
- Verser dans des ramequins individuels allant au four.
- Enfourner au bain marie à 150 °C pendant 20 minutes.
- Laisser refroidir avant de déguster.

< INFO NUTRITION >

Les courges ne sont pas uniquement destinées aux plats salés. Elles s'accommodent aussi parfaitement en dessert.
Cette crème de courge peut être intégrée dès la phase de déstockage du régime IG (phase 2), au repas de midi ou du soir, en prenant soin de consommer un fruit cru ou cuit à l'autre repas.

Crème soja chocolat maison

| POUR 4 PERSONNES – PRÉPARATION : 10 MIN – CUISSON : 5/10 MIN SG SL

400 ml de lait de soja nature
3 c. à s. rase d'arrow-root
4 c. à s. de sirop d'agave
2 c. à s. rase de poudre de cacao (100 %)

Régime IG	CG/pers
phases 1, 2 et 3	4,4

- Dans une casserole, mettre l'arrow-root, la poudre de cacao et le sirop d'agave.
- À l'aide d'un fouet, délayer avec un peu de lait de soja de manière à éviter tout grumeau.
- Une fois que le mélange est homogène, ajouter le reste du lait et placer sur feu doux. Laisser épaissir doucement en mélangeant sans cesse.
- Compter environ 5 minutes après les premiers frémissements.
- Verser le mélange dans des ramequins et placer au frais.
- On peut aussi conserver ce dessert en plus grande quantité dans un bocal et se servir au fur et à mesure.
- Elle se conservera deux jours au réfrigérateur.

{ VARIANTE }

Pour une crème à la vanille, remplacer le cacao par 1 c. à s. d'extrait de vanille.

< INFO NUTRITION >

L'arrow-root est une fécule issue d'un rhizome. Il remplace la classique fécule de maïs (Maïzena®). Son pouvoir gonflant est supérieur, si bien qu'il en faut très peu pour réaliser cette crème sans lactose. Ce dessert, dont la CG est basse, permet de se faire un petit plaisir gourmand, chocolaté, dès la phase offensive du régime IG sans forcément en payer le prix fort sur la balance ou provoquer de pic de glycémie.

Pouding de banane et sarrasin

| POUR 6 PERSONNES – PRÉPARATION : 10 MIN – CUISSON : 30 MIN

V SG SL

3 œufs
2 c. à s. de farine de sarrasin
300 ml de lait d'amande sans sucre ajouté ou de noisette
1 c. à c. de cannelle
2 bananes peu mûres
Miel d'acacia ou sirop d'agave (facultatif)

Régime IG	CG/pers
phases 2 et 3	6,7 ou 7,6 (selon le lait)

- À l'aide d'un fouet, battre énergiquement les œufs.
- Ajouter la farine puis progressivement le lait végétal et enfin la cannelle.
- Coupez les bananes en rondelles.
- Verser la préparation liquide dans un plat allant au four après l'avoir enduit de matière grasse.
- Disposez les rondelles de banane en les enfonçant légèrement.
- Cuire 30 minutes à 160 °C.
- Laisser refroidir avant de déguster et napper si besoin de miel ou de sirop d'agave.

< INFO NUTRITION >

Les bananes doivent toujours être consommées peu mûres. Plus elles mûrissent et plus leur IG s'élève, du fait de la transformation d'une partie de l'amidon en sucres simples. Une banane bien mûre a un IG de 65 alors qu'encore un peu verte, elle a un IG de 52. Naturellement sucré, ce dessert ne nécessite pas forcément l'ajout d'un agent sucrant. Toutefois, si vous utilisez 1 c. à s. de miel, vous augmentez la CG de 6,7 ; pour 1 c. à s. de sirop d'agave, vous l'augmentez de 3,9.

Petits moelleux au chocolat et au gingembre

| POUR 6 PERSONNES – PRÉPARATION : 25 MIN – CUISSON : 25 MIN

V SL

- 50 g de margarine végétale ou d'huile d'olive pas trop parfumée
- 60 g de chocolat noir à 70 % de cacao
- 60 g de farine de blé semi-complète ou d'épeautre
- 75 g de poudre d'amande ou de noisette
- 75 g de sucre de canne complet en poudre
- 3 blancs d'œuf
- 1 racine de gingembre
- 2 étoiles de badiane
- 30 g de gingembre confit coupé en tout petits dés

Régime IG	CG/pers
phase 3	12,6

- Préchauffer votre four à thermostat 7 (210 °C).
- Dans une casserole, faire fondre la margarine à feu doux.
- Faire fondre le chocolat au bain-marie.
- Tamiser la farine au dessus d'un grand saladier.
- Ajouter la poudre d'amande et le sucre en poudre.
- Battre les blancs en neige et les incorporer au contenu du saladier.
- Ajouter alors la margarine fondue (ou l'huile) et mélanger.
- Ajouter le chocolat fondu et une cuillère à café de gingembre frais râpé, ainsi que les petites graines de badiane extraites des étoiles à l'aide de la pointe d'un couteau.
- Verser dans des moules graissés et légèrement farinés. Disposer le gingembre confit en dés sur chaque moelleux et enfourner pour 15 minutes environ.

< INFO NUTRITION >

Les polyphénols du chocolat sont excellents pour la santé cardiovasculaire si et seulement si votre chocolat contient bien les précieuses molécules en question ! Le chocolat au lait et le chocolat blanc en sont presque totalement dépourvus. Seule solution pour continuer à croquer sans culpabilité : choisir du chocolat noir à 85 % de cacao minimum et s'assurer que le sucre arrive en deuxième ou troisième position dans la liste des ingrédients. Jamais en premier !

Entremets amande, vanille et miel

POUR 4 PERSONNES – PRÉPARATION : 15 MIN – CUISSON : 3/4 MIN

V SG SL

500 ml de crème d'amande liquide
1 gousse de vanille
2 g d'agar-agar
2 c. à s. de purée d'amande blanche
4 c. à s. de miel d'acacia
4 amandes entières pour la décoration

Régime IG	CG/pers
phases 2 et 3	9

- Prélever les graines de vanille avec la pointe d'un couteau.
- Dans une casserole, mélanger la vanille, la crème d'amande et l'agar-agar.
- Placer sur feu doux. Mélanger constamment et après les premiers frémissements compter 1 minute et éteindre le feu.
- Ajouter alors 2 cuillerées à soupe de miel et la purée d'amande blanche.
- Verser la préparation dans quatre ramequins et placer au réfrigérateur 3 heures pour que les entremets figent.
- Démouler, napper de miel et décorer d'une amande entière.

< INFO NUTRITION >

Le lait de vache est ici remplacé par de la crème d'amande liquide, spéciale cuisine que vous pouvez trouver en grande surface, généralement au rayon bio. Pauvre en graisses saturées (moins d'1 g/100 ml), elle contient également très peu de glucides (1,5 g/100 ml) ce qui en fait un allié pour toutes celles et ceux qui ne supportent pas le lait de vache ou qui souhaitent en limiter la consommation.

Attention toutefois de ne pas abuser de ce genre de dessert dont la CG est 5 fois plus importante que celle d'un yaourt nature !

Si vous êtes diabétique, ce dessert peut remplacer occasionnellement un laitage et un fruit à la fin du repas.

Dessert de fraises parfumé au romarin

POUR 4 PERSONNES – PRÉPARATION : 10 MIN – CUISSON : 1 MIN

V SG

250 g de fraises parfumées et bien mûres
1 g d'agar-agar
300 ml de crème liquide
2 c. à s. de sirop d'agave
1 brin de romarin

Régime IG	CG/pers
phases 2 et 3	3,8

- Laver et équeuter les fraises.
- En réserver 2 pour la présentation.
- Diluer l'agar-agar avec la crème et le sirop d'agave et placer sur feu doux avec le romarin. Laisser frémir 1 minute tout en mélangeant.
- Mixer les fraises avec cette préparation puis verser dans des verrines.
- Placer au frais pendant au moins 1 heure après refroidissement.
- Servir en décorant avec les fraises réservées coupées en deux.

< INFO NUTRITION >

Même si ce dessert est parmi ceux dont la CG est la plus basse, il est important de rappeler que « le sucre appelle le sucre » et que plus précisément « le goût sucré appelle le sucre ». Aussi mieux vaut apprendre à se déshabituer de la saveur sucrée surtout si vous avez un peu de poids à perdre. Vous êtes gourmand ? Ne soyez pas découragé ! Commencez par perdre l'habitude de sucrer vos aliments et boissons, même avec des édulcorants, évitez les aliments très sucrés pendant quelques temps. Généralement en trois semaines, vous serez au diapason. Ensuite, vous pourrez vous accorder une douceur occasionnellement.

Poire pochée au romarin et crème de sésame

POUR 4 PERSONNES – PRÉPARATION : 25 MIN – CUISSON : 20 MIN

SG SL

- 4 poires
- 1 branche de romarin ou 2 sachets d'infusion au romarin
- 2 c. à s. de tahin (purée de sésame blanc non sucrée)
- 4 c. à s. de sirop d'agave
- Quelques noisettes

Régime IG	CG/pers
phases 2 et 3	15,3

- Réaliser 1 litre d'infusion de romarin.
- Éplucher les poires et disposer les dans l'infusion.
- Cuire à feu doux pendant 20 minutes à couvert.
- Couper le feu et laisser refroidir à découvert.
- Dans un bol, mélanger le tahin et le sirop d'agave.
- Ajouter un peu d'infusion de romarin si le mélange n'est pas assez fluide.
- Faites griller les noisettes dans une poêle à sec ou au four, puis les concasser grossièrement.
- Servir les poires pochées en les nappant de crème et en saupoudrant de noisettes grillées.

< INFO NUTRITION >

Une seule poire apporte environ 4 grammes de fibres insolubles (cellulose, hémicellulose) qui ont la propriété de stimuler le transit intestinal en augmentant le volume du bol alimentaire. En cas de système digestif délicat, choisissez de préférence des variétés non granuleuses. Et ce n'est pas un hasard si on préconise de toujours garder « une poire pour la soif » car, constituée de 4 % d'eau, c'est un fruit très désaltérant qui renferme également une large palette de vitamines, minéraux et oligo-éléments utiles pour l'équilibre alimentaire.

Gâteau façon mousse au chocolat

POUR 6/8 PERSONNES – PRÉPARATION : 20 MIN – CUISSON : 25 MIN

V

- 1 tablette de chocolat noir (200 g)
- 2 c. à s. de purée d'amande
- 1 yaourt de brebis non sucré
- 6 œufs
- 3 c. à s. rases de farine de Kamut® tamisée
- 3 c. à s. de sirop d'agave

Régime IG	CG/pers
phase 3	6-8

- Préchauffer le four thermostat 7 (210 °C).
- Faire fondre le chocolat dans une casserole avec un fond d'eau.
- Bien lisser avec une cuillère en bois et incorporer la purée d'amande.
- Séparer le blanc des jaunes d'œufs.
- Monter les blancs en neige et réserver au frais.
- Battre les jaunes et y ajouter la farine, le yaourt de brebis et le sirop d'agave.
- Incorporer le mélange chocolat-purée d'amandes à cette dernière préparation, puis, délicatement, les blancs en neige.
- Verser dans un moule chemisé et cuire à four chaud 10 minutes thermostat 7, puis baisser thermostat 5 (150 °C) les 15 dernières minutes.
- Servir avec un filet de sirop d'agave dans chaque assiette et quelques gouttes de purée d'amandes.

< INFO NUTRITION >

Ce dessert gourmand, à base d'ingrédients à IG bas, n'atteint même pas la CG d'une pomme ou d'une poire ! Ainsi, dans le régime IG minceur ou diabète, il n'est plus nécessaire de se priver de dessert les jours de fête ! Ce dessert contenant un œuf par personne, pensez à adapter votre ration de protéines au cours du repas.

Pommes cuites, feta et noisettes

POUR 2 PERSONNES – PRÉPARATION : 10 MIN – CUISSON : 10/12 MIN

V SG

4 pommes
70 g de feta
10 noisettes
Miel d'acacia (facultatif)

Régime IG	CG/pers
phases 2 et 3	23,2

- Éplucher les pommes et les couper en gros quartiers.
- Les faire cuire à feu très doux dans une casserole à fond épais avec quelques cuillérées d'eau, pendant 10 à 12 minutes.
- Écraser les pommes à la fourchette.
- Râper la feta.
- Servir l'écrasée de pomme saupoudrée de feta. Ajouter un filet de miel et des éclats de noisettes.

< INFO NUTRITION >

Pour vos desserts à base de pommes n'hésitez pas à innover en troquant vos traditionnelles pommes golden contre d'autres variétés comme les pommes reinettes ou les Boskoop qui tiennent très bien à la cuisson et confèrent un petit goût acidulé aux desserts.
Si possible, achetez des pommes issues de l'agriculture biologique puisque l'on sait désormais que parmi les fruits les plus arrosés de pesticides, la pomme figure en tête de liste.
Attention : une pomme quelle que soit sa variété possède une CG de l'ordre de 12 !
Pour ce dessert, si vous surveillez de près votre glycémie, cantonnez-vous à 1 pomme moyenne ou 2 petites pommes par personne.

Mousse légère fraise-framboise

POUR 4 PERSONNES – PRÉPARATION : 20 MIN – CUISSON : 10 MIN

V SG SL

1 barquette (250 g) de fraises
200 g de framboises (en réserver 4 pour la décoration)
200 ml de lait de soja
50 ml de lait de coco
2 g d'agar-agar
Sirop d'agave ou miel d'acacia (facultatif)

Régime IG	CG/pers
phases 2 et 3	2,8

- Laver les fraises et les framboises et les couper en morceaux. Les faire cuire dans une casserole avec les laits de soja et de coco très doucement en remuant régulièrement pendant 10 minutes. Laisser refroidir.
- Mixer avec l'agar-agar et remettre sur le feu pendant 1 minute à partir des premiers frémissements. Mélanger au fouet.
- Verser dans des verrines
- Au moment de servir, décorer et ajouter éventuellement un filet de sirop d'agave ou de miel d'acacia (avec des fruits suffisamment mûrs et goûteux, il est inutile de sucrer la préparation).

< INFO NUTRITION >

Des chercheurs américains ont montré la supériorité des fraises et de tous les fruits rouges (framboises, myrtilles, mûres) pour renforcer nos défenses antioxydantes.. Ces scientifiques ont mis au point un test baptisé ORAC (*Oxygen Radical Absorbance Capacity*) qui mesure le pouvoir antioxydant des fruits et d'autres aliments dans le plasma. Les fruits dont les scores sont les plus élevés augmentent de 10 à 25 % le pouvoir antioxydant du sang ! Alors régalez-vous avec cette mousse de fruits rouges qui pourra également être consommée dans l'après-midi en en-cas gourmands avec les enfants.

Compote yin yang pommes pruneaux

POUR 2 PERSONNES – PRÉPARATION : 15 MIN – CUISSON : 10 MIN

SG SL

- 8 pruneaux moelleux
- 1 trait d'extrait de vanille
- 2 pommes
- 1 pincée de cannelle

Régime IG	CG/pers
phases 2 et 3	9,3

- Mixer la chair des pruneaux dénoyautés avec l'extrait de vanille.
- Laver les pommes, les épépiner et les couper en dés.
- Les cuire en compote à feu doux avec un fond d'eau dans une casserole avec la cannelle.
- Compter environ 10 minutes.
- Présenter joliment vos compotes et déguster froid ou tiède.

< INFO NUTRITION >

Cette compote aux pruneaux est, à plusieurs titres, parfaitement adaptée si vous avez des problèmes intestinaux. Le pruneau, fidèle à sa réputation, est la Rolls-Royce des aliments laxatifs et donc idéal si vous souffrez de transit ralenti ou de constipation. Manger des fruits en compote à la fin d'un repas est préférable à un fruit cru si vous avez les intestins fragiles et une tendance aux flatulences.
Ce dessert peut se consommer au déjeuner, au dîner et également au petit déjeuner.

{{{

IG et CG des aliments courants

Aliments	IG	Portion (en g)	Glucides (en g)	CG de la portion
FRUITS				
• Abricot	34	50	5,6	1,9
• Avocat	0	120	9,6	0
• Banane (pas trop mûre)	52	125	28,5	14,8
• Cerises	63	130 (20 cerises)	15,8	10
• Citron	0	100	1,7	0
• Clémentine	40	100 (2 fruits)	10	4
• Fraises	40	120	9,2	3,7
• Kiwi	53	100 (2 fruits)	12,5	6,6
• Melon	65	290 (½ fruit)	23,8	15,5
• Noix de coco	0	100	5	0

Aliments	IG	Portion (en g)	Glucides (en g)	CG de la portion
• Orange	42	250	31,2	13,1
• Pamplemousse	25	360	38,5	9,6
• Pêche	42	180	16,2	6,8
• Poire	38	250	30	11,4
• Pomme	38	220	30,4	11,6
• Prune	39	50 (1 fruit)	5,6	2,2
• Raisin	53	250	43	22,8
LÉGUMES				
• Aubergine	0	150	13	0
• Betterave cuite	64	50	3,5	2,2
• Brocoli	0	200	14,4	0
• Carotte crue	16	100	6,6	1,1
• Carotte cuite	47	100	4,3	2
• Chou-fleur	0	115	4,7	0
• Concombre	0	50	1,9	0
• Courgette	0	100	4	0
• Épinards cuits	0	200	7,6	0

Aliments	IG	Portion (en g)	Glucides (en g)	CG de la portion
• Laitue	0	70	2,1	0
• Navet bouilli	52	200	10,2	5,3
• Oignon	0	150	15,1	0
• Panais	52	100	12,1	6,3
• Pomme de terre	46	175	35,9	16,5
• Radis	0	100	1,7	0
• Tomates crues	0	125	5,7	0
LÉGUMINEUSES				
• Haricots verts	0	150	5,8	0
• Lentilles corail cuites	26	130	19	4,9
• Lentilles vertes cuites	30	150	23,3	7
• Petits pois congelés cuits	41	150	14,7	6
• Pois chiches cuits	33	100	17,2	5,7
• Pois mange-tout	54	100	7	3,8
CÉRÉALES				
• Semoule cuite	65	100	35,7	23
• Ebly cuit 10 min	50	100	30,4	15,2

Aliments	IG	Portion (en g)	Glucides (en g)	CG de la portion
• Maïs doux en conserve	52	15 (1 c. à s.)	2,3	1,2
• Riz blanc basmati cuit	58	100	29	16,8
• Riz complet (Doypack)	48	100	31,7	15,2
• Fusilli cuits	54	100	29	15,7
• Corn flakes	82	30	25	20,5
• Flocons d'avoine	59	30	18,2	10,7
• Baguette courante	75	65 (¼ de baguette)	37,7	28,3
• Pain complet au levain	60	70 (2 tranches)	35	21
• Biscottes	75	10 (1 biscotte)	7,3	5,5
• Krisprolls	65	13	8,1	5,3
• Cracottes	81	7	5,25	4,3
• Biscuit Petit-Beurre	51	9	6,2	3,2
VIANDES, POISSONS, ŒUFS				
• Steak haché 15% MG	0	120	0	0
• Cuisse de poulet avec la peau rôtie	0	175	0	0

Aliments	IG	Portion (en g)	Glucides (en g)	CG de la portion
• Rôti de porc cuit	0	130	0	0
• Jambon supérieur	0	45 (1 tranche)	0,2	0
• Cabillaud	0	200	0	0
• Colin	0	200	0	0
• Moules cuites (en coquilles)	0	400	0	0
• Sardines à l'huile	0	90 (1 petite boîte)	0	0
• Saumon d'élevage	0	200	0	0
• Œuf entier	0	60 (1 œuf)	0,6	0
PRODUITS LAITIERS ET DÉRIVÉS DU SOJA				
• Cantal	0	30	1,8	0
• Camembert	0	30	0	0
• Emmental	0	30	0	0
• Yaourt nature	20	125	6,8	1,4
• Petit-suisse nature	20	60	2	0,4
• Yaourt aux fruits	25	125	20,5	5,1
• Yaourt soja nature	20	100	2	0,4

Aliments	IG	Portion (en g)	Glucides (en g)	CG de la portion
• Yaourt soja pêche	50	100	12	6
• Crème fraîche	0	15	0,5	0
• Beurre	0	12	0	0
OLÉAGINEUX				
• Amandes	0	12	2,3	0
• Noix de Grenoble	0	15	2,1	0
• Noix de cajou	22	15	4,5	1
• Cacahuètes	23	15	3,2	0,7

###